www.tredition.de

AF203484

Autorin

Berit Poll, Mutter von zwei Kindern, wurde am 10.12.1964 als jüngste von sechs Geschwistern in Hattingen/Ruhr geboren. Schon immer sah sie sich den Fachgebieten Pädagogik und Psychologie mit großem Interesse zugeneigt. Beruflich wählte sie ihre Aufgabenbereiche unter anderem in der Betreuung von Kindern in einem Kinderheim und einer Grundschule. Ein großes Anliegen war ihr insbesondere die Auseinandersetzung mit auffälligen Kindern. So verspürte sie den Wunsch, selbst eine fiktive Geschichte zu verfassen.

Buch

Anne, hochschwanger, verlässt im Alter von 18 Jahren ihr Elternhaus, wo sie mit ihren vier Geschwistern in schwierigen sozialen Verhältnissen aufwuchs. Voller guter Vorsätze und mit einem freudigen Blick auf eine Zukunft mit einer eigenen neuen Familie, zieht sie mit ihrem Freund, welcher der Vater des Kindes ist, zusammen. Als ihr Sohn Tim auf die Welt kommt, entwickelt sich alles ganz anders, als sie es sich vorgestellt hatte. Annes Rolle als Mutter gestaltet sich unerwartet schwierig. Sie ist überfordert und ihr Sohn gerät in Gefahr. Die Situation spitzt sich immer mehr zu und Anne muss wichtige und grundlegende Entscheidungen für die kleine Familie treffen.

Berit Poll

Anne

Eine junge Mutter kämpft um ihr Glück

www.tredition.de

Verlag und Druck:
tredition GmbH, Halenreie 42, 22359 Hamburg

ISBN
978-3-7345-6627-1 (Paperback)
978-3-7345-7909-7 (e-Book)

Druck in Deutschland und weiteren Ländern

Alle in diesem Buch geschilderten Handlungen und Personen sind frei erfunden. Ähnlichkeiten mit lebenden oder verstorbenen Personen wären zufällig und nicht beabsichtigt.

Inhaltsverzeichnis

Annes Auszug

Anne brauchte nicht viel zu packen. Mühsam schob sie einen Stuhl vor den großen Kleiderschrank, um auf ihn zu steigen. Sicherlich lagen dort oben noch einige ihrer Sachen. Richtig, die große Schachtel mit den vielen Bildern, Postkarten und anderen Erinnerungsstücken aus der Schulzeit war dort zu finden. Als sie hinab stieg, schützte sie ihren Bauch vorsichtig mit den Händen und setzte langsam einen Fuß auf den Boden. Ihr Bauch war in letzter Zeit mächtig gewachsen, sie näherte sich dem Ende der Schwangerschaft.

Heute war der Tag ihres Auszugs. Nun war es vorbei mit der ständigen Enge, die dadurch entstand, dass sie ihr Zimmer mit zwei weiteren Schwestern teilen musste. Sie lächelte vor Freude, nun auf eigenen Füßen zu stehen. Sie trat aus ihrem Zimmer und schaute direkt auf das Zimmer ihrer Brüder. Die Tür stand weit auf und es sah wie immer katastrophal aus. Die beiden hatten dieses ungemütliche Chaos angerichtet, überall lagen Kleidungsstücke, Spielzeug, Bücher und CD´s herum. Nichts war an seinem Platz.

Anne genoss die Ruhe, denn alle Geschwister waren in der Schule. Sie hatte sich einen guten Zeitpunkt ausgesucht, um ihr letztes Hab und Gut zusammen zu suchen. Dies würde sicherlich in eine große Tüte passen.

Anne ging ins Wohnzimmer und sah ihre Mutter,

die ausgestreckt auf der Couch lag. Sie machte einen sehr müden Eindruck, ihr Gesicht war blass und sie schien in letzter Zeit etwas abgenommen zu haben. Ihre Augen waren geschlossen, aber Anne wusste, dass sie nicht schlief. Sie war vor zwei Minuten noch in der Küche gewesen.

„Hast du vielleicht eine große Tüte für mich?", fragte Anne ihre Mutter leise.

Diese legte sich ruckartig auf die Seite und murmelte: „Sieh doch im unteren Küchenschrank nach." So war sie immer, abweisend und unfreundlich, also erwiderte Anne nichts darauf.

Sie lief in die Küche und fand glücklicherweise eine große Tüte, nicht sehr stabil, doch sie würde reichen, dachte Anne.

„Ist Papa noch einkaufen?", rief sie aus der Küche, während sie die Schranktür zufallen ließ und wieder ins Wohnzimmer schlenderte.

„Ich weiß nicht, wo der so lange bleibt", antwortete ihre Mutter verdrießlich.

„Dann werde ich jetzt gehen! Tschüss, ich schaue mal irgendwann vorbei", sagte Anne jetzt genervt und verließ schnell die Wohnung.

Ihre Tüte wog mehr als sie vermutet hatte, aber damit würde sie schon zurecht kommen.

Anne stieg langsam die Treppe hinunter. Wie viele Jahre war sie wohl schon hier auf und ab gelaufen? Sie überlegte und kam zu dem Ergebnis, dass es tatsächlich schon 9 Jahre sein mussten, seitdem sie hier eingezogen waren.

Die Familie hatte sich schnell vergrößert und der Wohnraum war für alle gerade ausreichend.

Nun würde sich ihr Leben ändern, sie würde frei

und selbstständig sein. Sie freute sich auf ihr Baby. Lächelnd ging sie durch die Haustür. Die Sonne schien.

Anne schaute auf die gegenüberliegenden Häuser, die alle kleine Balkone hatten. Dort standen Sonnenschirme in allen Variationen. Die Menschen, die dort wohnten, hatten sich ein kleines Reich geschaffen. Als sie hier eingezogen waren, gab es dort noch Wiesen mit einem großen Baumbestand. Die Bäume waren herrlich gewachsen und schon sehr alt. Sie hatte diesen Anblick geliebt und als die Bäume abgesägt wurden, zerschnitt es ihr das Herz. An den Anblick der dahinter liegenden kalten Häuserwände musste sie sich erst gewöhnen.

Es zogen viele neue Familien in den Häuserblock ein, so dass sie neue Bekanntschaften schließen und sich über Langeweile nicht beklagen konnte. Nun, das war jetzt alles vorbei.

Anne lief über die Straße und sah ihre Nachbarin mit ihrem Hund spazieren gehen. Es war eine ältere Dame, sie war immer sehr freundlich gewesen.

„Guten Tag, Frau Weiser", sagte Anne.

Eigentlich wollte sie doch recht schnell an ihr vorbei huschen, aber Frau Weiser war wohl heute sehr redselig.

Sie begrüßte Anne recht überschwänglich und warf natürlich einen Blick auf Annes gewölbten Bauch.

„Hallo, wie geht` s?", fragte sie.

Ihr kleiner Hund zog heftig an der Leine, aber Frau Weiser blieb stehen und ließ sich nicht aus der Ruhe bringen. Sie sah Anne fragend an und Anne war sich nun sicher, dass sie so einfach nicht davon kommen würde.

„Gut, danke und Ihnen?", fragte Anne. Aber ihre Strategie, von sich abzulenken, fruchtete nicht.

„Anne, du bist ja schwanger, das wusste ich gar nicht! Wann kommt denn das Baby, und wie alt bist du denn jetzt eigentlich?", fragte Frau Weiser ohne Atem zu holen.

Anne musste jetzt doch lächeln. Das war typisch Frau Weiser. Sie war schon immer sehr neugierig, aber auf eine liebevolle Art.

„Das Baby kommt ungefähr in vier Wochen, also im Juli und ich bin jetzt 17 Jahre alt, ich werde aber bald 18 Jahre", antwortete Anne sehr gewissenhaft und suchte in ihrer Jackentasche nach einem Taschentuch.

Die Hitze machte ihr heute sehr zu schaffen, außerdem war sie durstig.

„Ist das nicht ein bisschen früh?", fragte Frau Weiser mit einem besorgten Blick.

„Kindchen, ich habe drei Kinder groß gezogen und das war eine harte Zeit, aber heute ist die Jugend ja ganz anders", murmelte sie vor sich hin.

„Hast du denn Unterstützung von deinen Eltern und gehst du nicht arbeiten?", fragte Frau Weiser skeptisch weiter.

„Ich mache eine Ausbildung zur Verkäuferin, aber im Moment bin ich natürlich in Mutterschaftsurlaub", erklärte Anne nun etwas redseliger.

„Ich werde das schon alles schaffen, Frau Weiser. Ich habe einen sehr lieben Freund, mit dem ich jetzt zusammen gezogen bin. Er ist der Vater des Kindes", sagte Anne stolz.

Frau Weiser bekam jetzt einen sehr zufriedenen Gesichtsausdruck und nickte verständnisvoll, sie erinnerte sich plötzlich wieder an ihren Hund, der nun sehr lieb und ruhig dagesessen hatte.

Anne hatte ihn zwischenzeitlich bewundert. Der kleine Hundekopf wandte sich während des Gesprächs immer von einem zum anderen, als würde er intensiv zuhören. Die Zunge hing schlabberig heraus, und er hechelte ziemlich schnell. Wahrscheinlich war auch er durstig. „Ein süßes Kerlchen, wie aus einem Bilderbuch", dachte sie. Darin gefielen ihr immer besonders diese kleinen Hunde mit den Schlappohren.

„Ja, dann mach es mal gut", sagte Frau Weiser, nachdem sie alles Wichtige für sich in Erfahrung gebracht hatte.

„Alles Gute, Anne, vielleicht sehen wir uns wieder, wenn du deine Eltern besuchst", sagte sie nochmals.

„Auf Wiedersehen, Frau Weiser!", verabschiedete sich Anne und setzte ihren Weg fort.

Das neue Zuhause

Anne machte sich schnell auf den Heimweg in die neue Wohnung. Eigentlich wollte sie noch etwas einkaufen, aber die große Tüte hing schwer an ihrem Arm und so konnte sie sich keine weitere Last vorstellen. Außerdem fühlten sich ihre Beine dick und schwer an, sie musste sie dringend hoch legen.

„Dann muss eben Justus einkaufen gehen", dachte sie so bei sich, es sind ja nur ein paar Kleinigkeiten. Es war tatsächlich schon gegen 15 Uhr, Justus würde bald von der Arbeit kommen. Seit er die Ausbildung zum Schreiner begonnen hatte, war er wesentlich zufriedener geworden.

Obwohl er schon 23 Jahre alt war, hatte er bis jetzt nur hier und da Gelegenheitsjobs angenommen. Nun war er in einem familiären Ausbildungsbetrieb und die Tatsache, bald Vater zu werden, hatte ihn zu dieser vernünftigen Entscheidung bewegt.

„So ist es, wenn man zu Hause finanziell gut versorgt ist", dachte Anne lächelnd, sie freute sich auf Justus. Wenn sie nicht ihren dicken Bauch vor sich her tragen müsste, hätte sie sicherlich einen kleinen Freudensprung gemacht.

Sie bog um die Ecke und sah auf das Haus, in dem sie ihre neue Wohnung gemietet hatten.
Es war ein altes Fachwerkhaus mit mehreren Mietparteien und nach hinten heraus gab es Balkone, die recht groß waren. Sie hatten die Wohnung in

der Mitte bekommen.

Das Haus stand zwischen vielen Bäumen und Sträuchern und vor einer großen Wiese. Anne war von der Lage sofort begeistert, hier würde sie sich wohl fühlen, dachte sie verträumt. Sie zog den Schlüssel aus der Tasche und schloss eifrig die Haustür auf.

Jetzt hatte sie wirklich keine Kraft mehr.

Mühsam stieg sie die Treppen hinauf und war oben an der Wohnungstür angelangt.

„Endlich", dachte sie. Sie schloss ein weiteres Mal auf und bog direkt um die Ecke in die Küche hinein.

Die Küche war nicht sehr groß, aber für eine kleine Sitzecke war gerade noch genügend Platz. Die Möbel waren gebraucht, sie würden später mit schöneren Stücken ausgetauscht werden, nahm sich Anne vor.

Müde setzte sie sich auf einen Stuhl, sie musste etwas vom Tisch abrücken, damit ihr Bauch genug Spielraum hatte. Das Baby bewegte sich in ihrem Bauch und schien nicht so müde zu sein wie sie.

Ihr Frauenarzt hatte sie gefragt, ob sie das Geschlecht des Kindes wissen wolle, doch sie hatte verneint.

„Hauptsache gesund", dachte sie.

Zwischenzeitlich erwischte sie sich bei dem Gedanken, dass sie es doch vielleicht besser gewusst hätte, schon wegen der Dinge, welche für das Baby anzuschaffen waren.

Aber es gab genügend neutrale Farben und das, was Justus und sie gekauft hatten, war nicht in Rosa oder Hellblau gehalten. Babysachen hatten sie auf dem Flohmarkt günstig erstanden. Selbst eine sehr gut erhaltene Wiege gab es dort, auf Rädern, damit sie flexibel waren.

Anne ruhte sich ein wenig aus, hatte aber keine Lust die mitgebrachte Tüte auszupacken, stattdessen legte sie sich auf die Couch und hing ihren Gedanken nach.

Jetzt kurz vor der Geburt verspürte sie eine leichte Nervosität, sie hatte Angst vor den Schmerzen. Sie entschieden sich für ein Krankenhaus ganz in ihrer Nähe. Die Klinik machte einen guten Eindruck und das Personal schien nett zu sein.

Die Tür ging auf und Justus kam herein, Anne war froh, dass sie aus ihren Gedanken gerissen wurde.

„Hallo, Anne!", rief Justus fröhlich.

Er trat zuerst in die Küche, doch als er sie nicht entdeckte, lief er ins Wohnzimmer und war nicht erstaunt, als er Anne auf der Couch liegen sah.

Sie hatte in letzter Zeit an Kräften verloren, beide wünschten sich, dass die Schwangerschaft doch endlich ein Ende nahm. Er ging auf Anne zu und drückte ihr einen Kuss auf die Stirn.

„Wie geht es dir?", fragte er leicht besorgt.

„Nicht so gut, aber ich habe keine Wehen, falls du darüber nachdenkst", scherzte sie lächelnd.

„Justus", schmeichelte Anne sich ein, „Ich habe leider nichts mehr eingekauft, meine Beine sind schwer wie Blei und ich bin sehr müde. Kannst du nicht vielleicht aus den noch vorhandenen Resten etwas zaubern?"

Anne blickte ihn reumütig mit ihren großen braunen Augen an.

„Bitte, bitte, bitte", bettelte sie. „Ich habe Hunger, du darfst dir auch etwas aussuchen, ja?"

Justus sah Anne mit einem gespielt bösen Blick an und raufte sich die Haare.

„Was hatten wir denn gestern?", murmelte er vor sich hin. „Ich glaube es waren Nudeln."

Er blickte nachdenklich durch den Raum und legte seinen Zeigefinger an die Nase.

„Die hatten wir schon drei Mal in dieser Woche", betonte er genüsslich.

„Wie wäre es mit Pizza? Ach nein, dafür müsste ich ja noch einmal losziehen und übrigens, die gab es ja auch schon so oft", bemerkte Justus noch grinsend dazu.

Anne fühlte sich nicht ganz wohl in ihrer Haut. Justus war sicherlich sehr spaßig, aber sie wusste schon, dass sie kein Kochwunder war, und sie ärgerte sich etwas darüber. „Daran werde ich noch arbeiten müssen", nahm sie sich fest vor.

Schließlich war Justus vom Elternhaus aus verwöhnt. Seine Mutter war eine sehr gute Köchin.

„Ich sterbe vor Hunger!", rief Anne leicht bockig.

Justus kramte pfeifend in den Küchenschränken. „Heute gibt es Pellkartoffeln mit Gemüse. Ich werde sie dir servieren, aber nur weil ich heute auf der Arbeit sehr gelobt worden bin", entschied sich Justus nicht ohne Stolz.

Anne blieb liegen und dachte verträumt darüber nach, wie sie sich kennengelernt hatten. Anne war auf eine Geburtstagsfeier einer Klassenkameradin eingeladen, und da sah sie Justus allein am Fenster stehen. Später erzählte er ihr, dass er eigentlich gar nicht kommen wollte, da er sich unter den jungen

Küken zu alt fühlte und für ihn, so wie er annahm, ohnehin nichts dabei war.

Erstaunlicherweise hatten sie sich direkt viel zu erzählen. So konnte sie sich noch nie mit einem Jungen unterhalten. Sie fühlte sich sehr wohl in seiner Gegenwart, Justus´ Augen strahlten so viel Wärme aus.

Anne brauchte sich nicht zu verstellen, wie sie es sonst immer tat, sie war einfach so, wie sie war. Dann ging alles wie von selbst, sie wollten sich immer wieder sehen. Es verging kein Tag, an dem sie sich nicht trafen.

Justus konnte sehr humorvoll sein, aber gleichzeitig zeigte er auch eine Ernsthaftigkeit und Stärke, die ihr Sicherheit gab.

Aus ihren Gedanken gerissen, hörte sie plötzlich Justus, der für die Mahlzeit nun anscheinend alle passenden Zutaten gefunden hatte.

„Anne, ich gehe morgen in die Stadt, für heute kommen wir gerade noch zurecht. Aber vielleicht haben sich deine jungen Beine dann wieder erholt und *du* kannst unser morgiges Mittagsmahl aussuchen", neckte er Anne.

Daraufhin stellte er das Radio in der Küche an und war vorerst nicht mehr zu sprechen.

Es geht los !

Anne wählte mit zitternden Händen die Telefonnummer von Justus´ Arbeitsstelle. Sie hatte es schon zweimal versucht und sich immer wieder vertippt. Nun kam endlich das Freizeichen. Es schien ewig zu dauern, bis endlich jemand abhob.

„Heinrich!", meldete sich eine freundliche Stimme.

Anne biss sich auf die Unterlippe, bevor sie fragte: „Bin ich richtig verbunden mit der Schreinerei Wöstling?"

Sie wartete nicht auf eine Antwort.

„Ich möchte Herrn Justus Keller sprechen, es ist dringend!", forderte Anne aufgeregt.

„Justus, Telefon für dich!", rief der Mann so laut, dass sie impulsiv das Telefon etwas auf Abstand hielt.

„Gott sei Dank", dachte sie erleichtert. Es dauerte nicht lange und schon war Justus dran. Hastig versicherte er sich: „Es ist soweit, Anne, nicht wahr?"

Anne verspürte gerade eine heftige Wehe und konnte nicht direkt antworten, aber ihr Atem ging schnell und unkontrolliert, so dass Justus alarmiert war.

„Ja Justus, komm doch bitte schnell", raunte Anne.

Sie erinnerte sich in einer Wehenpause, dass sie dringend auf ihre Atmung achten musste. Das hatte sie doch im Schwangerschaftskurs gelernt. Aber dies war leichter gesagt als getan, schließlich hatte sie dort keine Schmerzen.

Anne strich sich das lange Haar aus dem verschwitzten Gesicht und versuchte ihren Rücken gerade zu halten. Dabei hörte sie Justus´ Stimme laut aus dem Telefonhörer.

„Ich bin schon unterwegs!"

Zum Glück war alles mit seinem Chef schon vorher abgesprochen. Justus rannte los.

Jetzt musste er mit seiner Mutter telefonieren, diese hielt sich schon seit ein paar Tagen bereit, um beide zu unterstützen, wenn die Geburt bevorstand. Sie ging auch sofort ans Telefon, als hätte sie es schon geahnt.

„Komm mich bitte schnell abholen!", rief Justus vor Aufregung und nahezu panisch.

„Anne bekommt das Baby!"

„Ich bin in 10 Minuten bei dir, Justus, bleib ruhig. Anne kann das jetzt nicht gebrauchen, dass du den Kopf verlierst", versuchte sie ihn zu beruhigen.

Aber sie musste sich selbst eingestehen, dass sie hier „Leicht Reden" hatte, kamen ihr doch jetzt *ihre* beiden Geburten in Erinnerung.

O Gott, war das aufregend und nicht leicht zu ertragen.

Schnell holte sie ihren Autoschlüssel und stürmte zu ihrem Wagen. „Es wird Zeit, dass Justus einen Führerschein macht", dachte sie, während sie ins Auto stieg und den Schlüssel hastig ins Schloss steckte. „Den werden wir ihm wohl auch noch bezahlen müssen."

„Wir haben unsere Kinder zu sehr verwöhnt", ging es ihr weiter durch den Kopf. „Was schon allein der Umzug der beiden gekostet hat und dazu auch noch die Kaution für die Wohnung - Justus will ja alles wieder zurück zahlen. Das ist schon ehrlich von ihm gemeint, aber wenn das Kind jetzt erst mal da ist."

Jetzt musste sie sich konzentrieren. War es die nächste Straße links zur Schreinerei oder die übernächste, fragte sie sich. „Jetzt werde ich selbst noch ganz verrückt", dachte sie kopfschüttelnd.

Justus´ Mutter hielt Anne für ein nettes Mädchen, doch ihre fragwürdigen Familienverhältnisse hatten ihr und ihrem Mann sehr zu denken gegeben. Justus aber war diesbezüglich nicht zu belehren und schon gar nicht aufzuhalten.

Der Höhepunkt war dann der positive Schwangerschaftstest. Nun war Justus gar nicht mehr von Anne abzubringen.

Frau Keller dachte an ihre Tochter. Sie war drei Jahre jünger als Justus, aber sehr reif für ihr Alter. Mit ihr hatten sie es bedeutend einfacher. Sie wusste schon immer, wo sie hin wollte.

Gott sei Dank, sie hatte die richtige Straße gewählt, sie sah Justus schon am Straßenrand nervös hin und her laufen. Als er seine Mutter sah, atmete er erleichtert auf. „Das waren niemals zehn Minuten, das war gefühlt eine Ewigkeit", seufzte er.

Er öffnete schnell die Autotür und stieg hastig ein, wobei er seine Mutter nervös anlächelte.

Eine Riesenwelle Dankbarkeit erfüllte ihn.

„Meine Mutter ist schon wirklich außergewöhnlich", dachte Justus. „Sie hat immer sehr viel Verständnis für mich aufgebracht". So streichelte sie ihn auch jetzt einfühlend mit ihrer Hand über sein Bein und dies verfehlte die Wirkung nicht.

„Bist du sehr aufgeregt?", fragte sie ernst, denn sie

wusste, dass eine Geburt auch immer gefährlich sein konnte. Sie hatte schon von vielen Komplikationen gehört.

„Ich glaube, es geht so einigermaßen. Jetzt sind wir ja gleich da! Anne hat schon länger ihre Tasche für das Krankenhaus gepackt, es wird also schnell gehen. Bleib doch besser im Auto, so kannst du direkt vor der Haustür warten, bis wir kommen", sagte Justus eilig, während seine Mutter anhielt und er die Autotür heftig aufstieß.

Sie sah noch, wie er schnell hinter der Haustür verschwand.

Justus rannte die Treppen hinauf und sah Anne schon in der Wohnungstür stehen. Ihr Gesicht war gerötet, das braune, lang gewachsene Haar hing lose über beide Wangen. Annes Augen blickten aufgeregt durch das Treppenhaus.

Als sie ihn sah, erhellte sich ihr Gesicht und er bemerkte ihre Erleichterung.

Er versuchte, beruhigend zu lächeln, aber es gelang ihm nur teilweise.

„Anne, meine Mutter wartet im Auto, hast du alles, was du brauchst?", erkundigte er sich.

Anne sah sich nach ihrer Tasche um, welche nahe bei ihr stand. „Nimmst du bitte die Tasche?", fragte sie, während sie den Wohnungsschlüssel ins Schloss steckte, um abzuschließen.

Anne konnte recht gut, aber nur langsam und leicht gekrümmt die Treppen hinab steigen.

„Jetzt kommt endlich das Baby", dachte sie erwartungsvoll.

Als sie nach draußen kamen, überraschte sie eine weitere Wehe. Erst einmal musste sie stehen bleiben und atmen, so wie sie es gelernt hatte. Damit hatte sie tatsächlich Erfolg. Schließlich konnte sie einsteigen.

Justus rutschte schnell noch auf den Rücksitz und schlug die Autotür zu.

„Hallo, Marie!", begrüßte Anne Justus´ Mutter endlich.

Es hatte etwas länger gedauert, bis sie sich aneinander gewöhnt hatten, deshalb war Anne immer etwas zögerlich mit Justus´ Mutter. Sie spürte, dass Marie nicht so ganz zufrieden mit ihr war.

„Hallo, Anne!", erwiderte Marie.

Schnell startete sie den Motor, um sich dann vollständig auf den Verkehr zu konzentrieren.

Anne schaute aus dem Fenster. Alle waren still.

Der Himmel erstrahlte in einem vollkommenen Blau, nicht ein einziges Wölkchen war zu sehen. Das sattgrüne Blattwerk der Bäume, welche vor ihren Augen vorbeizogen, bot einen herrlichen Anblick. Die Temperatur war erträglich, die Menschen liefen in leichter, sommerlicher Kleidung ihres Weges. Die Gesichter waren fröhlich und entspannt im strahlenden Sonnenschein. Anne freute sich über die Tatsache, bald wieder leicht und ohne dicken Bauch herumspazieren zu können.

Nun sah sie das große Krankenhausgebäude, das unweit vor ihnen lag. Schnell war vor dem Eingang eine Haltemöglichkeit gefunden. Justus begleitete Anne behutsam in die große Halle.

Marie suchte inzwischen nach einem Parkplatz. Da sie sich gut auskannten, waren Anne und Justus schnell auf der Entbindungsstation angelangt. Der Flur war in einem angenehmen Grün gehalten.

Auf Anne hatte dies eine beruhigende Wirkung, welche sie jedoch nur flüchtig wahrnahm, da bereits die nächste Wehe einsetzte.

Jetzt zitterten ihre Beine, sie konnte sie nicht mehr kontrollieren. Eine warme Flüssigkeit lief an ihren Beinen herunter und sie erschrak.

Justus, der immer noch dicht neben ihr stand, war nicht weniger erschrocken.

Endlich kam eine Schwester eilig angelaufen. Sie hatte die beiden schnell bemerkt.

„Guten Tag", begrüßte sie Justus und Anne mit einer sehr warmen, angenehmen Stimme.

Sie ließ sich von dem bevorstehenden Ereignis in keiner Weise aus der Ruhe bringen.

„Ich bin Frau Lenkers. Ich werde sie jetzt bei der Geburt begleiten".

Justus übergab Anne in die Hände dieser, für seine Begriffe, erstaunlichen Frau.

Die Geburt

„Pressen, pressen sie! Ja, so ist es gut! Sie haben es gleich geschafft. Es wird nicht mehr lange dauern!", rief Frau Lenkers, die Geburtshelferin, nun doch recht laut.

Anne lag auf dem Rücken und schwor sich, kein weiteres Kind mehr zu bekommen. Sie hatte keine Kraft mehr. Das Ziehen der Wehen war sehr schmerzhaft gewesen. Nun aber verlangte man von ihr, noch ihre letzten Kräfte für den Endspurt zu mobilisieren, obwohl sie so erschöpft war.

Der Zorn, der langsam in ihr hochstieg, half ihr tatsächlich noch einmal so zu pressen, dass das Baby überraschend mit Wucht aus ihrem Unterleib glitt.

Annes Beine zitterten unaufhörlich vor Aufregung, während sie versuchte, das Baby zu erspähen. Sie fühlte sich vom Neonlicht geblendet. Unvermittelt lag etwas warmes, glitschiges auf ihrem Bauch und glückliche und nicht minder erleichterte Gesichter lächelten sie an.

Darunter war auch Justus′ blasses Gesicht.

Mit ihm hatte sie gar nicht gerechnet, da ihm während der Geburt so übel geworden war, dass er hinaus geschickt wurde. Denn während sie schrie, hatte sie seine Hand so fest umklammert, dass ihm Angst und Bange wurde.

„Da hat er sich wohl wieder gesammelt", dachte sie.

Anne beruhigte sich nur ganz langsam. Ihre Hände tasteten vorsichtig über den feuchten Babykörper.

Die kleinen Händchen an den Mund gepresst, saugte es leicht an den Fingern.

„Es ist ein Junge, Anne", flüsterte Justus nun auch selbst erschöpft, während er ihr das Haar aus der feuchten Stirn strich.

Das kleine Geschöpf zappelte hin und her, bis es schließlich zu schreien begann.

Justus wurde gefragt, ob er die Nabelschnur durchtrennen wollte. Wider Erwarten zeigte er großen Mut und vollbrachte sein Werk nicht ohne eine gewisse Anspannung.

Nun nahm die Hebamme das Kind in ihre Obhut, um sich weiter darum zu kümmern.

Bald waren sie auf der Wochenstation in Annes Zimmer. Anne teilte es mit einer jungen Frau, welche auch gerade erst entbunden hatte.

Justus hatte seiner Mutter Marie stolz seinen Jungen gezeigt und seinen Namen verkündet.

Tim sollte er heißen.

„Der ist aber klein!", sagte Marie sehr ergriffen mit Tränen in den Augen. Ihre Hand streichelte sachte Tims Kopf.

Tim lag ruhig in seiner Wiege, die Augen waren geschlossen. Er sah friedlich aus.

Anne betrachtete ihn etwas ratlos. Wie sollte sie mit so einem kleinen Menschen umgehen? Sie hatte ein ganz komisches Gefühl im Bauch. Sie war nicht so glücklich, wie sie es sich vorstellte, empfand eher ein Unbehagen.

Das Baby war ihr fremd und auch etwas unheimlich.

„Anne, hast du mich nicht gehört?", fragte Marie

zum wiederholten Mal.

„Ich habe dich etwas gefragt", sagte sie kopfschüttelnd.

Anne saß tief in ihren Gedanken versunken auf ihrem Bett und kam erst ganz langsam in die Wirklichkeit zurück. Sie verspürte ein extremes Unwohlsein, leicht gereizt drehte sie ihr Gesicht in Maries Richtung und sah sie an.

„Bitte?", fragte sie mit einem etwas unruhigen Blick.

„Ich habe dich gefragt, ob du ihn stillen möchtest", erklärte Marie wiederholt.

„Ich weiß es nicht, ich habe mir keine Gedanken darüber gemacht", antwortete Anne etwas zögerlich.

„Na, dann wird es aber Zeit! Ich habe meine Kinder gestillt, und das war sehr praktisch. Und gesund ist es noch dazu", berichtete Marie.

Justus sah seine Mutter an. „Anne ist bestimmt vollkommen müde", sagte er.

„Es ist vielleicht besser, wenn wir ihr erst einmal etwas Ruhe gönnen, nicht wahr?"

Anne konnte nur nicken.

Marie nahm ihre Tasche, blickte ihren Sohn an, der Anne noch etwas ins Ohr flüsterte. Er hatte einen sehr liebevollen Ausdruck dabei und brachte Anne zum Lächeln.

So verabschiedeten sich beide und machten sich auf den Weg zum Aufzug, der vollkommen leer war.

Marie und Justus fühlten sich müde, deshalb kam keine Unterhaltung mehr zustande. Jeder beschäftigte sich mit seinen eigenen Gedanken. Marie wollte schon zum Sprechen ansetzen, brach aber sofort wieder ab. Das was sie sagen wollte, hätte Justus nicht gut getan. Vielleicht hatte sie aber auch Unrecht mit ihrer Denkweise.

Sina

„Ich heiße Sina, Sina Landmann", stellte sich ihre Zimmernachbarin vor. „Und der Kleine hier hat nach wochenlangem Suchen endlich den Namen „Arne" bekommen! Ich würde mich freuen, wenn wir uns einfach duzen, wir werden ja nun einige Tage hier zusammen verbringen."
Sina hatte ein aufgeschlossenes, fröhliches Gesicht. Ihre Erscheinung war etwas fülliger und ihr Wesen voller Energie, obwohl sie doch, wie Anne, vor kurzem erst entbunden hatte. Ihre recht groß wirkende Hand lag auf der Wiege, welche direkt neben ihrem Bett stand und in der ihr Söhnchen gerade eingeschlafen war.
Liebevoll sah sie ihn an, rasch aber wendete sie sich wieder mit einem Lächeln Anne zu.
Anscheinend wartete sie auf eine Antwort.
Anne, die in Allem eher zurückhaltend war, lächelte zögernd zurück. „Und ich heiße Anne Bergfeld", sagte sie. „Wir können uns gerne beim Vornamen nennen."
Sina betrachtete Anne neugierig.
„Und wie heißt dein Kleiner?", erkundigte sie sich.
„Ach ja, das ist Tim! Für seinen Namen haben wir nicht so lange gebraucht, der hat uns beiden direkt gefallen. Aber wenn es ein Mädchen geworden wäre, würden wir wahrscheinlich jetzt noch diskutieren", erwiderte Anne und verdrehte dabei die Augen.
„Ja, so ist das wohl, die Väter und die Töchter…",

murmelte Sina nachdenklich.

„Wie hast du denn Tims Geburt erlebt? Möchtest du darüber sprechen? Ich habe es mir schlimmer vorgestellt, aber es war auch so immerhin schon schwer genug. Und der Dammschnitt war auch sehr unangenehm. Hat man bei dir auch einen machen müssen?", fragte sie weiter sehr interessiert.

Anne betrachtete die Wände des Zimmers. Sie waren kahl, aber in einem angenehmen, zarten Gelb gestrichen.

In einer Ecke stand eine wuchtige Wickelkommode. Darüber ragte ein Regal, in dem viele Babypflegeprodukte standen.

Plötzlich ging die Tür auf.

„Hallo, jetzt ist aber Nachtruhe! Ich werde ihre Jungen jetzt mitnehmen, damit sie gut schlafen können. Wer von ihnen möchte denn zum Stillen geweckt werden?", erkundigte sich die Nachtschwester in der üblichen Routine.

Anne dachte an Frau Lenkers, welche ihr deutlich sympathischer war. Diese Frau empfand sie als nicht so freundlich.

Sina hob die Hand wie ein Schulkind.

„Ich!", rief sie, als müsste sie der Lehrerin beweisen, wie brav sie sei.

Anne spürte eine Unentschlossenheit. Sie wurde aber nicht noch einmal gefragt, von daher hielt sie, nicht ohne eine gewisse Erleichterung, den Mund.

Nun war es also entschieden.

Sie würde ihr Kind nicht stillen!

Nachdem die Nachtschwester mit den Säuglingen verschwunden war, signalisierte Anne ihrer neuen Zimmernachbarin, dass sie keine Unterhaltung mehr führen wollte.

Sie drehte sich in ihrem Bett zur Wand, zog die Decke über den Kopf und brachte etwas verstimmt ein leises, aber doch verständliches „Gute Nacht" hervor.

Aufbruch

Der Tag war gekommen, an dem sie nach Hause durfte.

Anne war sehr aufgeregt und freute sich darauf, bald endlich wieder daheim zu sein.

Sie wurde hier im Krankenhaus gut umsorgt, konnte sich nicht beklagen.

Auch Sina hatte sich als eine absolut nette Person gezeigt. Sie tauschten gerade ihre Telefonnummern aus, als Justus mit einer Tragetasche für seinen Sohn herein stolzierte. Er strahlte beste Laune aus.

„Hallo, ihr Muttis!", spaßte er ausgelassen, denn er hatte Sina bei seinen zahlreichen Besuchen auch schon näher kennengelernt und mochte sie.

„Es dürfte wohl niemandem schwer fallen, Sina zu mögen, denn sie hat ein sehr herzliches Wesen", dachte Anne mit einem leichten Anflug von Neid, als sie Justus´ Zuneigung zu Sina bemerkte.

„Ich habe hoffentlich an alles gedacht, ich bin total aufgeregt", sagte er.

Man sah es ihm an. Sein Gesicht war gerötet.

Er sah sehr gut aus mit seinem mittellangen, dunkelblonden Haar, so schlank und hochgewachsen. Eine Haarsträhne bedeckte seine Stirn. Jeans und auffällige T-Shirts, das war Justus´ bevorzugte Kleidung. Sein Gang war locker und beschwingt.

Anne hatte Tim auf die Wickelkommode gelegt, um ihn anzuziehen. In den vergangenen Tagen tat sie sich schwer, mit diesem kleinen Wesen umzugehen. So war sie froh, dass Justus einige Aufgaben übernahm.

„Vielleicht schaust du mal, ob du alles gepackt hast. Ich mache solange hier weiter", sprach er und war auch schon dabei, Tim zu versorgen.

„Sina, wirst du auch gleich abgeholt?", fragte er.

„Erst in zwei Stunden. Rainer konnte es nicht anders einrichten, aber das ist in Ordnung", erwiderte Sina.

Anne schaute aus dem großen Fenster. Die letzten Tage waren warm und sonnig, aber jetzt hatte sich der Himmel zugezogen, und es sah nach Regen aus.

Ein kurzes Klopfen, und die Tür ging auf.

Es war Marie, die beide heute nach Hause bringen wollte. Nach einer freundlichen Begrüßung steuerte sie gezielt auf Justus und Tim zu.

„Hallo, mein Kleiner", flüsterte sie liebevoll und sah zugleich Justus strahlend an.

Danach drehte sie sich um und schaute suchend durch das Zimmer.

Anne saß auf ihrem Bett. Mit der gepackten Tasche vor ihren Füßen, blickte sie etwas unschlüssig drein.

Sie wusste bislang nie, wie sie sich Marie gegenüber verhalten sollte. Immer stand etwas zwischen ihnen, sie kam sich einfach nur dumm vor, und so lächelte sie Marie unsicher an.

„Wie geht es dir, Anne? Du siehst etwas blass aus", bemerkte Marie besorgt.

Anne stand auf und sah Justus an, der mit Tim auf dem Arm startbereit dastand. Tim mochte die mitgebrachte Tragetasche wohl nicht.

„Also, von mir aus können wir diese Klinik endlich verlassen! Dann wird Anne bestimmt eine gesündere Gesichtsfarbe bekommen", sagte Justus fröhlich.

Die ganze Zeit über hatte Anne gedankenverloren Sina ausgeblendet. Als sie sich ihr jetzt wieder zuwendete, sah sie sie entspannt auf ihrem Bett sitzend. Arne lag an ihrer Brust und trank voller Inbrunst.

Anne konnte sich das nicht vorstellen. „Das ist doch bestimmt total unangenehm", dachte sie sich.

Sina schien keine Scheu zu empfinden, obwohl sie hier nicht allein war.

„Mir wäre das peinlich", dachte Anne weiter.

Sina legte Arne über die Schulter, damit er ein „Bäuerchen" machen konnte, sonst würde er eventuell Bauchschmerzen bekommen. So hatte es Anne einmal gelesen.

„Sina, wir machen uns jetzt auf den Weg. Vielleicht sehen wir uns ja schon bald wieder", verabschiedete sich Anne und fühlte dabei, dass sie Sina vermissen würde.

„Ja, ist das nicht toll, dass wir nur eine Viertelstunde voneinander entfernt wohnen?", entgegnete Sina. Dabei sah sie Marie und Justus fröhlich an. Sie umarmten sich alle herzlich und verschwanden langsam aus Sinas Blickfeld.

Wieder daheim

„Endlich bist du wieder zu Hause", sagte Justus erleichtert.

„Es ist hier so still und langweilig gewesen. Aber das ist nun vorbei", bemerkte Justus weiter, während er sich an Anne kuschelte.

Der Tag war vorüber. Draußen war es dunkel geworden und Tim, der nun Mittelpunkt der Familie war, hatte alle auf Trab gehalten.

Marie war noch einige Zeit zu Besuch gewesen. Sie hatte unentwegt Tim auf dem Arm, sie schaukelte ihn hin und her. Als die Milchflasche für ihn zubereitet war, wollte Marie es sich nicht nehmen lassen, Tim zu füttern.

In der Küche war ein heilloses Durcheinander: Babynahrung, Flaschenwärmer, Teeflasche, Lätzchen und vieles mehr standen oder lagen auf dem Küchenschrank.

Anne fühlte sich erdrückt, als sie in die Küche kam, um die leere Flasche zurück zu bringen. „Alles muss ausgekocht werden. Damit werde ich nun täglich beschäftigt sein", dachte sie und verspürte keine große Lust dazu. Eigentlich wollte sie mit Justus lieber allein sein, und nun war sie es auch, aber sie konnte es nicht richtig genießen. Zu groß war jetzt ihre Sorge, dass Tim, der zufrieden eingeschlafen war, wieder aufwachen könnte.

Anne konnte sich ihre Gefühle nicht erklären. Sie hatte sich doch so auf das Baby gefreut. In ihrem Kopf waren nur schöne Bilder gewesen. Sie sah ein gesundes, zufriedenes Baby und alles wirkte harmonisch. So hatte sie es doch auch in all den netten Babybüchern gesehen.

Justus nahm sie in den Arm und küsste sie leidenschaftlich auf den Mund. Anne spürte, wie er sie zärtlich bedrängte, und so wand sie sich aus der Umarmung.

„Ich glaube, ich mache mir noch einen Tee. Magst du auch einen?", fragte sie ablenkend.

Justus schien ein bisschen enttäuscht. Trotz allem räkelte er sich wohlig auf der Couch und äußerte, er sei wunschlos glücklich.

„Ich wünschte, dass könnte ich auch von mir behaupten", dachte Anne.

Anne betrachtete skeptisch ihren Sohn in der Wiege.

„Was soll ich nur mit dir anfangen? Wenn ich dich so anschaue, ähnelst du deinem Vater sehr."

Tim erwachte langsam und wurde unruhig. Sein Gesicht verzog sich. Das unzufriedene Schmatzen des Kleinen machte Anne nervös. „Hoffentlich schreit er nicht", dachte sie. Sie konnte Geschrei nicht ausstehen, dann wollte sie nur noch flüchten und sich verkriechen.

Schnell nahm sie den Kleinen aus der Wiege und schaukelte ihn hin und her, so wie es Marie auch schon getan hatte. Eigentlich müsste er satt sein, und seine Windel hatte sie auch gewechselt. Gerade hatte er geniest, ob er sich wohl erkältet hatte?

Oh Gott! Sie war so allein mit diesem kleinen Wesen.

Ein Blick aus dem Fenster bot ein düsteres Bild.

Der Himmel grollte und hatte sich zugezogen, es würde wohl gleich regnen. Anne war sich unsicher, ob dem Baby das Wetter gut tun würde. Was sollte sie tun, wenn er in seinem Kinderwagen zu schreien beginnt? Ungeduldig legte sie ihn in die Wiege zurück und schaukelte sie hin und her.

Ängstlich schaute sie Tim ins Gesicht. Sie war ganz allein.

Justus´ Urlaub war zu Ende und er musste wieder arbeiten. Wie sehr hatte es ihr doch gut getan, als Justus zu Hause bei ihr war.

Tim gab seltsam brabbelnde Töne von sich, sein Gesicht wurde ganz rot, und schließlich fing er laut an zu brüllen. Wütend rollte sie die Wiege ins Schlafzimmer hinüber.

„Er wird doch wohl nicht so ein fürchterlicher Schreihals werden", hoffte Anne, ging hinaus und ließ ihn brüllen. Sollte sie Marie anrufen? Sie würde ihr sicherlich helfen.

Aber nein, da würde sie wieder nur dumm dastehen, wie immer, das konnte sie gerade jetzt nicht gebrauchen.

Sie ging hin und her und wünschte sich, er möge doch endlich aufhören. Sie wunderte sich über ihre Unruhe und auch die Wut, die sie in sich trug. Sie verspürte den Drang, Tim den Mund mit ihrer Hand zuzuhalten, nur damit er mit dem Schreien aufhörte. Sie hatte den Kleinen doch gern! Anne konnte sich selbst nicht verstehen. Nach einer Weile wurde es ruhig im Schlafzimmer und sie war heilfroh darüber.

Mittlerweile goss es in Strömen. Gut, dass sie Marie nicht angerufen hatte, sie würde schon allein zurecht kommen.

Sie langweilte sich. Wenig motiviert, etwas im Haushalt zu tun, nahm sie eine Zeitschrift vom Wohnzimmertisch und blätterte darin.

Anne schaute auf die Uhr und stellte fest, dass Tim schon eine gute Stunde schlief. Sie hatte Hunger und überlegte, was sie für sich und Justus zubereiten könnte. Sie entschied sich für ein warmes Essen mit Bratkartoffeln und Heringsfilet. Wie gewohnt, schaltete sie das Radio ein, aber um Gottes Willen! Tim könnte dadurch aufgeweckt werden.

Seitdem Tim geboren war, hatte sie das Gefühl, nur noch durch die Wohnung zu schleichen. Immer in Sorge, zu laut zu sein, wenn er schlief. Ihn unbeabsichtigt aufzuwecken bedeutete oft wieder viel Arbeit. Als Justus und sie noch zu zweit waren, war ihre gemeinsame Lebensgestaltung sehr viel freier. Sie erinnerte sich an viele spontane Unternehmungen ohne Zeitdruck und Verpflichtungen anderer gegenüber.

Anne hörte die Wohnungstür und freute sich auf Justus, der ausgelassen in die Diele trat.

„Hallo, jemand zu Hause?", rief er.

Anne stürzte auf ihn zu und verschloss ihm den Mund mit einem Kuss.

„Sei nicht so laut. Ich bin hier in der Küche und mache uns gerade etwas zu essen", flüsterte sie und lächelte dabei.

„Wie schön, dass er wieder da ist", dachte sie erleichtert mit einem verliebten Blick.

Justus stellte seine Einkaufstüten auf dem Boden ab. Er hatte sich damit ziemlich abgemüht.

„Hast du an die Windeln und die Creme gedacht?", forschte Anne nach.

„Ja, sieh doch mal, wie voll geladen ich bin! Wie geht es dir?", fragte Justus liebevoll.

Anne freute sich, denn er bemühte sich immer, fürsorglich zu sein.

„Einigermaßen. Tim hat geschrien, ist dann aber wieder eingeschlafen. Ich glaube, er war todmüde", berichtete sie leise.

Unschlüssige Gedanken geisterten in ihrem Kopf herum. Sollte sie Justus von ihren aggressiven Gefühlen Tim gegenüber erzählen? „Sicher hat das jede Mutter einmal, vielleicht ist das ganz normal", dachte sich Anne. Nachdem sie sich selbst beruhigt hatte, besserte sich ihre Laune und sie strahlte Justus an.

„Hast du Lust auf Bratkartoffeln mit Fisch? Ich habe einen Bärenhunger."

Demonstrativ legte sie ihre Hände auf den Bauch, welcher inzwischen schon wieder beachtlich dünner geworden war.

„Ja, ich esse gern mit, aber nicht ganz so viel. Heute gab es Kuchen, ein Kollege hatte Geburtstag. Ich werde mal eben nach Tim schauen", beendete er seinen Wortschwall und lief schon los.

Anne wollte eigentlich in Ruhe essen. Sie befürchtete, dass Tim wieder wach war.

Unzufrieden wendete sie die Kartoffeln in der heißen Pfanne. Ob sie wohl eifersüchtig war? „Das ist doch lächerlich", dachte sie sich. Es ist doch schön, wie vernarrt Justus in seinen Sohn war. Justus kam zurück.

„Er schläft wie ein Engel", stellte er stolz fest.

Der Regen hatte aufgehört. Die Sonne zeigte sich, schien in die Küche hinein und eine mildere Stimmung breitete sich mit einem Mal in Anne aus. Sie schmiegte sich verliebt an Justus´ starken Körper und hatte das Gefühl, glücklich zu sein.

Der Traum

Anne saß in ihrem Bett, die Bettdecke hatte sie über ihren Kopf gezogen. Sie wollte nichts mehr hören, Vater war so laut, das mochte sie nicht. Er war immer lieb zu ihr, aber sobald er viele Flaschen auf dem Tisch stehen hatte, verhielt er sich komisch. Seine Stimme klang anders, so unheimlich.

Plötzlich ging die Tür auf, und ein undeutliches Gesicht war im Türrahmen zu erkennen. Sie lugte mit einem Auge ängstlich durch einen Spalt der Bettdecke. Ihr Vater schwebte auf sie zu, sein Körper war spindeldürr und sein Kopf riesengroß, er schien ganz traurig zu sein....!

Anne riss die Augen auf. Sie war nass geschwitzt, bekam kaum Luft. Sie schaute sich im Schlafzimmer um. Alles war wie immer. Justus lag neben ihr und schlief seelenruhig. Tim schien auch in seiner Wiege zu schlafen.

Anne setzte sich auf, legte sich ihr Kissen in den Rücken und starrte auf die gegenüberliegende Wand.

Diese blöden Träume. Immer wieder kamen sie. Sie hatte längere Zeit davor Ruhe gehabt und dachte schon, sie wäre davon befreit. Aber so heftig wie heute Nacht war es schon lange nicht mehr gewesen. Sie legte ihre Hände vor das Gesicht, wischte die Tränen fort, die ganz langsam über ihr Gesicht rollten.

Anne wollte Justus nicht aufwecken. So kletterte

sie leise aus dem Bett und ging ins Badezimmer. Sie drehte das kalte Wasser auf und kühlte sich damit ab, um sich anschließend im Spiegel zu betrachten. Sie schaute in ein sehr blasses Gesicht mit den vom vielen Weinen geröteten Augen. Ihr wurde kalt und sie zitterte. Aber schnell hatte sie sich wieder gefangen, wie so oft nach diesen fürchterlichen Träumen.

So schlich sie zurück ins Schlafzimmer und huschte unter Justus´ Bettdecke. Eng an seinen Rücken geschmiegt ängstigte sie sich, wieder einzuschlafen.

Zu viele Gedanken gingen Anne durch den Kopf. Sie dachte an ihr Kinderzimmer, das sie mit ihren Schwestern teilen musste. Wie oft hatte sie die beiden mit in ihr Bett genommen und getröstet, wenn der Vater betrunken war und schrecklich, wie von Sinnen, herumschrie.

Sie konnten auch Mutters Stimme hören, sie schien ihn noch mehr zu reizen. Irgendwann hatte es dann mal ein Ende und alle schliefen ein, eng aneinander geschmiegt.

So fand auch Anne jetzt langsam wieder in den Schlaf.

Plötzlich hörte sie von ganz weit her ein Schreien, es wurde immer lauter. Schließlich kam es immer näher und Anne begriff allmählich, dass es Tim war, der so laut schrie. Langsam öffnete sie ihre verklebten Augen. Ihr Körper war schwer vor Müdigkeit. Sie sah zuerst auf die Uhr, es war gerade erst vier Uhr morgens.

Dann blickte sie auf Justus, der immer noch ganz

ruhig weiter schlief. „Das ist wirklich phänome-
nal", ärgerte sie sich. Die ganzen Nächte schlief er
gelassen durch. Egal, wie laut Tim wurde.

Müde kämpfte sich Anne aus dem Bett und
schlurfte in die Küche. Routinemäßig erwärmte sie
Tims Milchflasche. Sie hatte sie gestern Abend
nicht ausgekocht, aber es sollte reichen, sie heiß
auszuspülen. Dann nahm sie den Flaschenwärmer
mit ins Schlafzimmer, nachdem sie sich langsam
von dem Stuhl aufrichtete, auf den sie sich kraftlos
gesetzt hatte. Sie brauchte etwas länger, um den
Stecker in die Steckdose zu friemeln. Tim jammerte
leise vor sich hin, und Anne wurde wieder nervös.

„Ich komme ja sofort!", zischte sie eher sich selbst
zu.

Justus hatte für Anne einen schönen gemütlichen
Sessel erstanden, der stand nun neben Tims Wiege. Dankbar setzte sie sich hinein und prüfte, ob
die Flasche warm genug war. Sie wusste, dass sie
gleich wieder schlafen gehen konnte.

Tim schlief nämlich immer schon beim Füttern ein,
während er die Milchflasche leerte. Das Trinken
ging dann allmählich in ein Nuckeln über.

Schließlich nahm sie den Kleinen hoch, um ihren
mütterlichen Pflichten nachzukommen.

Wochenendfreuden

Endlich Wochenende! Anne freute sich immer, wenn es soweit war. Justus deckte pfeifend den Frühstückstisch, Tim lag auf seiner Krabbeldecke.

Anne stand im Schlafzimmer vor dem großen Spiegelschrank und betrachtete skeptisch ihren Bauch. So ganz der „alte" Bauch war noch nicht zu erkennen, aber nun schon wieder etwas flacher, konnte sie mit dem Ergebnis zufrieden sein. Schließlich hatte sie sich dafür ziemlich abgestrampelt. Justus lachte sie schon aus, ständig läge sie irgendwo auf dem Boden, die Beine in die Luft gestreckt und habe keine Puste mehr. Aber sie sah auch den Stolz in seinen Augen, denn er mochte ihre Figur.

Anne war immer sehr schlank gewesen und recht zart gebaut, sie hatte lange Beine und war nur ein wenig kleiner als Justus.

Lächelnd kramte sie in ihrem Kleiderschrank herum, unschlüssig, was sie heute anziehen könnte.

Sie sah aus dem Fenster und erfreute sich des Anblicks. Es war nicht mehr ganz so warm, aber die Bäume trugen noch ihr wunderschönes Blätterkleid. Die Wiese, auf der sie standen, war voller Löwenzahn. Der Himmel zeigte sich leicht getrübt, aber es war trocken.

Sie zog ihre neue kräftig blaue Jeans an und wählte dazu ein sehr farbenfrohes T-Shirt . Sie drehte sich noch einmal vor dem Spiegel, um ihr Aussehen zu prüfen und ging dann hungrig in die Küche.

„Na, jetzt wurde es aber höchste Zeit, ich dachte schon, ich muss alleine frühstücken", neckte Justus sie gut gelaunt und erfreut über ihr Aussehen, als sie herein kam. Ihre farbenfrohe Kleidung schien auf ihn zu wirken.

„Ich werde dir alles weg essen, wenn du nicht schnell genug bist", sagte sie und griff schon zum frischem Brot, welches schön geschnitten im Brotkorb lag.

„Mutter hat gestern noch angerufen und gefragt, ob wir sie heute besuchen kommen", erzählte Justus mit vollem Mund.

„Was hältst du davon, Anne?"

Er sah sie forschend an. Er wusste um die Spannungen beider Frauen, aber was sollte er tun? Seine Eltern waren vernarrt in Tim und auch seine Schwester war kaum noch zu bremsen, wenn sie ihn sah.

Es blieb meistens nur das Wochenende für einen Besuch bei ihnen. Marie und Anne trafen sich während der Woche nicht. Marie hatte immer so viel zu tun, und Anne konnte sich nicht überwinden seine Eltern alleine zu besuchen.

Jetzt überlegte sie.

„Könnten wir heute nicht mal schwimmen gehen und Tim für eine Weile bei deinen Eltern lassen? Die sind doch ganz verrückt nach ihm! Bitte, Justus, wir haben schon so lange nichts mehr zu zweit unternommen!"

Annes Augen nahmen geradezu einen flehenden Ausdruck an, der auf Justus seine erste Wirkung zeigte.

„Wenn ich so recht überlege, würde mir das

Schwimmen auch mal ganz gut tun", wägte Justus ab und strich sich mit einer Hand durch das Haar, so wie es seine Angewohnheit war, wenn er nachdachte.

Munter nahm er sich ein weiteres Brot, er konnte Unmengen essen, ohne zuzunehmen. Er bestrich es dick mit Butter und dann noch mit einer dicken Ladung Marmelade.

Anne hatte ihn die ganze Zeit gespannt beobachtet, sie wünschte sich so sehr, dass er zusagte. Sie stand auf, ging zu Justus und setzte sich auf seinen Schoß, um ihn dann mächtig die Schultern zu massieren. Sie wusste, wie sehr ihm das gefiel und hörte auch schon bei den ersten Massagebewegungen ein angenehmes Brummen seinerseits. Er legte die Arme um sie, drückte ihr einen Kuss auf den Mund.

„Ich werde die Organisation übernehmen, aber zwei Stunden reichen. Danach können wir ja noch bei meinen Eltern zum Kaffee bleiben, das wäre eine gute Zwischenlösung", sagte er und schob Anne gleichzeitig von seinen Beinen.

„Du räumst den Tisch ab, und ich gehe telefonieren!", befahl Justus streng, ging dann aber erst einmal zu Tim und streichelte ihm über den Bauch.

„Dann gehst du heute zu Oma und Opa, die werden dich sicherlich verwöhnen", sagte Justus liebevoll zu ihm.

Plötzlich verzog sich sein Gesicht.

„Du bist ja vielleicht ein kleiner Stinker. Anne, ich habe ihn heute morgen gewickelt, jetzt bist du mal dran", ermunterte er sie mit einem Grinsen im Gesicht und machte sich aus dem Staub. Anne folgte der Anweisung eher widerwillig, rümpfte oft die Nase, während Tim die mütterliche Zuwendung freudig quietschend genoss. Im Nebenzimmer hörte sie Justus´ Stimme, der seine Mutter liebevoll und geschickt darum bat, Tim für etwa zwei Stunden zu sich zu nehmen.

„Ja klar, natürlich bleiben wir noch zum Kaffetrinken", übermittelte er lachend, und Anne war jetzt nun doch einmal froh über die Möglichkeit, Tim in Justus´ Familie unterbringen zu können.

Die Verabredung

„Hallo, Sina! Hier ist Anne Bergfeld, erinnerst du dich? Wir haben uns im Krankenhaus kennengelernt. Ich wollte mich mal bei dir melden. Wie geht es dir?", fragte Anne noch schnell hinterher. Sie hatte sich endlich durchgerungen, Sina anzurufen und war etwas nervös.

Sina klang sehr erfreut. „Hallo, Anne! Das ist ja schön, dass du anrufst, ich hatte bis jetzt keine Zeit gefunden. Uns geht es gut und dir?", erkundigte sie sich.

„Gut", sagte Anne. Sie wunderte sich über ihre belegte Stimme und über das Gefühl, gelogen zu haben. Ihr ging es doch gut.

„Was macht dein kleiner Tim?", fragte Sina liebevoll. „Versucht er auch schon sich zu drehen, wie Arne?"

„Tim geht es auch gut", antwortete Anne zurückhaltend.

Sina spürte, dass Anne bedrückt war. „Wie wäre es, wenn wir uns treffen würden, vielleicht morgen Nachmittag?", fragte sie aufmunternd.

„Gern, sag wann es dir passt", antwortete Anne erfreut.

„Um 15.00 Uhr bei mir in der Eichenstrasse 14. Weißt du wo das ist?", fragte Sina.

„Das ist nicht weit, ich kenne mich gut aus", erwiderte Anne nun etwas fröhlicher.

„Nur schade, dass es nicht schon heute ist", dachte sie. Sie hatte kaum ein Gefühl für die Wochentage.

Seitdem sie nicht mehr pünktlich zur Arbeit musste, hatte sie für sich und Tim noch keinen Rhythmus gefunden. Aber das war ihr auch nicht ganz so wichtig. Wenn Tim noch schlief, blieb auch sie im Bett. Justus war dann aus dem Haus und allein machte ihr das Frühstück auch keinen Spaß. Nachdem sie sich verabschiedet hatte, saß sie, noch mit dem Hörer in der Hand, auf ihrem Sessel und dachte nach. Vielleicht sollte sie einen kleinen Blumenstrauß für ihren Besuch bei Sina besorgen oder etwas für Arne.

Anne freute sich, ihren heutigen Nachmittag ausfüllen zu können, schnappte sich Tim, der auf der Krabbeldecke strampelte unter den Arm und machte sich bereit, in die Stadt zu gehen.

Sie hatte es nicht weit. Es regnete gerade nicht, und die Bewegung tat ihr gut. Anne war jetzt guter Dinge und Tim schien auch zufrieden zu sein. Sie stöberte mal hier, mal da und erstand schließlich ein schönes Gesteck aus Trockenblumen und hoffte, es würde Sina gefallen.

Hilflos !

Da nun schon viel Zeit vergangen war, musste sie wieder nach Hause eilen, denn Tim war sicherlich schon hungrig. „Ich hätte mich wohl doch besser für das Stillen entscheiden sollen. Das wäre einfacher, als ständig irgendein Milchfläschchen auszukochen und warm zu machen", dachte Anne.

Tim saß in seinem Kinderwagen und saugte an seinen Fingern.

Anne ging noch einen Schritt schneller. Tim konnte fürchterlich laut schreien, wenn ihn der Hunger plagte.

Einmal war die Milchflasche noch etwas zu heiß, sie hatte es gar nicht bemerkt. Tim brüllte wie am Spieß. Sie bemühte sich sehr, ihn zu trösten, doch er wollte sich nicht beruhigen. Zudem hatte sie ein schlechtes Gewissen wegen des Missgeschicks und ihrer Ungeduld. Sie fühlte sich hilflos, geriet in Panik, der Situation wieder einmal nicht Herr zu werden. Schließlich legte sie ihren kleinen Sohn sehr unsanft in die Wiege und flüchtete ins Badezimmer, hörte ihn weiter schreien und hielt sich die Ohren zu. Ihr selbst rannen die Tränen im Gesicht in Strömen herunter. Gerade jetzt war sie wieder allein mit Tim. Warum war Justus nicht da, diese blöde Ausbildung…!

Tim schrie und schrie. Sie rannte in die Küche und ließ über die Milchflasche reichlich kaltes Wasser laufen, bis sie sich etwas abkühlte. Erneut nahm sie Tim auf den Arm und steckte ihm die Flasche ruppig in den kleinen Mund. Er wurde still und trank. Anne konnte sich selbst nur langsam wieder beruhigen.

Tim schlief ein. Sie legte ihn traurig wieder zurück in die Wiege.

Als Justus nach Hause kam, hatte sie sich wieder gefasst. Sie wollte, oder konnte nicht über ihr Ungeschick sprechen, so unendlich schlecht, wie sie sich fühlte.

Kurz danach telefonierte sie mit Sina. Sie wäre nie auf die Idee gekommen, ihre Mutter anzurufen. Was wusste die schon von ihr? Als sie von Tims Geburt in Kenntnis gesetzt wurde, war sie ihr gegenüber wie immer unnahbar. Das Telefongespräch mit der Mutter war sehr kurz und entmutigend.

Anne verspürte nicht die geringste Lust, ihre Eltern zu besuchen. Selbst ihre Geschwister waren ihr gleichgültig geworden, zu sehr erinnerten sie Anne an ihr altes Leben. Sie sehnte sich nach ihrem Vater. Mit ihm hatte sie sich immer mehr verbunden gefühlt. Sein Alkoholproblem jedoch veränderte ihn, er hatte keine Ziele mehr. Früher war ihr Vater ein ganz zartfühlender Mensch.

Anne konnte nicht herausfinden, was mit ihren Eltern im Laufe der Zeit geschehen war. Sie konnte und durfte sich nicht auch noch damit beschäftigen, denn sie hatte schon genug mit sich selbst zu tun. Sie war froh, dass sie nun auf eigenen Füßen stand und das alles nicht mehr mit ansehen musste.

Anne stand in der Küche, um das bereitstehende Milchfläschchen noch aufzufüllen.

Tims Lätzchen, der Flaschenwärmer und der Topf, in dem die Milch langsam heiß wurde, ließen die Küche wie ein kleines Schlachtfeld erscheinen. Die Brotmaschine stand noch vom Frühstück auf dem Schrank, selbst das Brot lag noch offen darauf.

Anne rührte ungeduldig die Milch, um dann das Milchpulver hinein zu schütten. Natürlich fiel ein Teil des Pulvers auf den Herd und Anne wischte es fluchend weg, wobei sie aufpassen musste, sich nicht an der Herdplatte zu verbrennen.

„Tagein, tagaus das Gleiche", ging es ihr unzufrieden durch den Kopf, während sie die gekochte Milch durch einen Trichter in die Flasche laufen ließ. Immer nur die Wohnung und Tim!

Justus lag gemütlich auf der Couch und räkelte sich gut gelaunt herum.

„Anne, was machst du zu essen?", rief er müde klingend, aber in heiterer Stimmung.

Anne hatte Tim gefüttert, und nun war sie im Badezimmer um ihn zu wickeln. Als sie Justus Worte hörte, wurde ihre Wut noch größer.

„Das war ja klar, jetzt zieht schon die übliche Alltagssituation bei uns ein. Frauchen für den Haushalt, und der liebe arbeitende Mann ist so erschöpft, dass er sich ausruhen muss und nur noch bedienen lassen kann. Bei mir nicht!", murrte sie bemüht leise vor sich hin, so dass es für Justus´ Ohren aber noch gerade zu vernehmen war.

Justus´ Hilfsbereitschaft hatte deutlich nachgelassen, seitdem er regelmäßig arbeitete.

„Wie wäre es, wenn *du* dich heute mal um das Essen kümmerst? Ich habe gerade zu tun. Solltest du am Verhungern sein, kannst du dir eine Pizza holen oder was auch immer!", rief sie nun selbstzufrieden über ihren spontanen Einfall.

Tim zuckte zusammen, als sie so laut wurde.

„Verfluchter Mist", dachte sie abermals mit einem schlechten Gewissen.

Justus war indessen ins Badezimmer geschlendert, um die Lage zu peilen. Dass Mütter sich veränderten, hatte er sich schon gedacht, aber so kannte er Anne noch nicht.

Eigentlich war sie immer recht ausgeglichen gewesen, hatte schon mal etwas quer sitzen, aber heute war es anders.

„Soll ich das mit Tim übernehmen?", fragte er vorsichtig.

Er merkte, dass seine gute Laune sank. Eigentlich könnte er etwas Ruhe gebrauchen, so müde, wie er sich heute fühlte. Die körperliche Anstrengung in der Schreinerei forderte ihn stark.

„Ich mache das schon alleine, da brauchst du mir nicht helfen!", fauchte sie ihn an.

Justus zog sich zurück. Das hatte er als kleiner Junge schon gelernt. Bei Konflikten bewährte es sich immer, aus der Schusslinie zu verschwinden.

Er ging in die Küche, öffnete die Schränke und ging auf die Suche nach etwas Essbarem. Er fand noch etwas Brot, Käse und ein paar Tomaten.

„Anne hätte eigentlich einkaufen gehen müssen", dachte er, „was macht sie denn nur den ganzen Tag?" Tim hatte noch so viel Schlafbedürfnis, unter Zeitmangel konnte sie nicht gerade leiden.

Schnell belegte er ein paar Schnitten mit Käse, schnitt die Tomaten in Scheiben, streute Salz darüber und fertig war das Abendessen. „Das war doch kein Problem", dachte er, stellte alles auf ein Tablett und schritt guten Mutes ins Wohnzimmer.

Inzwischen war Tim gewickelt. Anne kam mit ihm herüber, legte ihn auf seine Krabbeldecke und guckte missmutig über den Tisch. Sie erhob sich, lief in die Küche und holte noch etwas zu trinken, um dann wie ein Häufchen Elend auf der Couch zu versinken. Funkstille!

Es war Ende Oktober. Die Bäume hatten schon viele Blätter verloren und boten ein karges Bild. Der Wind schüttelte sie auch heute heftig, die Blätter wirbelten mit jeder Windböe auf und nieder.

Anne gefiel das, es war so ein frisches Gefühl und ganz so kalt war es auch nicht. Der Himmel war blau, die Wolken zogen schnell vorbei. Nicht eine einzige dunkle Wolke war zu sehen, sondern viele wunderschöne weiße, welche aussahen, wie Wattebäusche, die zum Mitwandern einluden.

Anne war auf dem Weg zu Sina. Sie lief voller Gedanken die Straße entlang, vorne im Kinderwagennetz das hübsche Blumengesteck für Sina.

Der gestrige Tag war anstrengend, aber er war auch schnell vergangen. Justus und sie redeten nicht mehr viel miteinander. Beide waren sehr müde und aßen still vor sich hin. Anne wurde auch wieder etwas ruhiger. Sie wusste, dass sie so manches Mal überreagierte. Justus war nur froh, denn er hatte mit noch mehr „Schlechte-Laune-Gewitter" gerechnet. Er beschäftige sich noch sehr liebevoll mit Tim und entlockte ihm herzhaft süße Töne. Tim war richtig aufgedreht und strampelte wie verrückt mit den Händen und Füßen. Es war herrlich anzusehen. Auf einmal war die Atmosphäre entspannt und in Ordnung.

Reagierte Tim nicht irgendwie intensiver auf Justus, fröhlicher und wacher, als bei ihr?

Ein Wiedersehen mit Sina

Anne lief die Eichenstraße entlang und suchte die Nummer 14. Weit konnte es nicht mehr sein.

Sie fühlte eine gewisse Aufregung. Irgendwie war Sina ihr fremd geworden, denn so intensiv hatten sie sich im Krankenhaus nicht kennengelernt. Aber nett war sie.

Anne stand nun vor dem Haus. Die Nummer 14 war groß neben der Haustür angebracht. Sie musste lächeln. „Genau die richtige Größe für mich", dachte sie.

Es war ein Mehrfamilienhaus mit hübschen Balkonen in einer gepflegteren Umgebung. Bei Sinas Ausstrahlung erwartete sie eher eine Hausbesitzerin mit gepflegtem Garten und großen hellen Räumen im Haus.

Anne fühlte sich schon bei dem bloßen Gedanken irgendwie klein. „So ein Blödsinn", entschied sie dann, als wäre Reichtum der Fahrschein in ein glückliches, zufriedenes Leben. So oft können Äußerlichkeiten trügen, theoretisch wusste sie das, doch löste es eine Lawine an Gefühlen in ihr aus. Etwa nicht genug geleistet zu haben, oder einfach nur für dumm gehalten zu werden.

Mutig drückte sie die oberste Klingel, worauf auch schnell aufgedrückt wurde.

Sie nahm Tim auf den Arm, stellte den Kinderwagen im Eingangsbereich des Hausflurs ab und stieg die Treppen hinauf.

Sina stand strahlend in der Tür und Annes Unwohlsein löste sich so langsam auf.

Jetzt hatte sie wieder dieses gute Gefühl, welches sie auch im Krankenhaus in Sinas Gegenwart empfunden hatte.

„Hallo, Anne, komm doch herein!", bat Sina. „Einmal links um die Ecke. Dort ist das Wohnzimmer. Mach es dir gemütlich!"

„Trinkst du lieber Kaffee oder Tee? Ich habe einfach mal beides zubereitet, Rainer und ich mögen alles."

„Ich nehme gerne Kaffee", entschied Anne.

Sie staunte über die Gemütlichkeit, die das Wohnzimmer ausstrahlte. Sina hatte wohl eine Ausbildung als Dekorateurin gemacht, alles war eingetaucht in warme Farben. Die Couch lud geradezu zum Einkuscheln ein.

Hier und da schöne Blumen. Sie empfand eine Erleichterung, ihr Gesteck doch gut gewählt zu haben. Oh Gott, sie hielt es tatsächlich noch in der Hand!

Auf der anderen Seite war Tim, der schon ungeduldig wartete, abgesetzt zu werden.

Da lag ja auch Arne! Sie hatte ihn zunächst gar nicht bemerkt. Er starrte den Besuch mit sehr großen Augen an und war recht unsicher angesichts der fremden Personen.

Da kam Sina auch schon mit dem Tablett und stellte alles auf den Couchtisch. Sie hatte sogar an Kuchen gedacht.

Anne verspürte ein absolutes Wohlbehagen. So hätte sie sich ihr Elternhaus vorstellen können: Mit so viel Liebe eingerichtet und wohlversorgt.

Sie legte Tim zu Arne auf die Krabbeldecke. Beide Kinder waren zufrieden und schauten interessiert Arnes Spielzeug an.

Anne überreichte Sina ihr Geschenk.

„Das sieht aber schön aus, Anne. Vielen Dank!", erfreute sich Sina. Sie schaute prüfend durch das Wohnzimmer. Mit einem breiten Lächeln stellte sie eifrig das Blumengesteck auf die Fensterbank. Vergnügt wandte sie sich um.

„Du siehst gut aus, Anne! Du bist auch schon wieder richtig schlank geworden, wie hast du das gemacht? Treibst du Sport?"

Anne musste lächeln. Sie und sportlich aktiv, eigentlich war sie eher ein bisschen träge.

„Nein Sina, keinen Sport! Ich glaube, ich bin eben viel auf den Beinen. Mit dem Essen ist es so, dass ich viel zwischendurch esse und eigentlich auch nicht sehr viel. Ich bin es einfach nicht gewöhnt", berichtete Anne.

„Sei froh, dass du nicht so schnell zusetzt, ich brauche nur irgendetwas anzusehen und schon ist es geschehen."

Sina langte strahlend nach einem Stück Kuchen und meinte, Anne solle sich doch auch bedienen. Anne nahm sich ein kleines Stückchen und betrachtete die beiden Jungen auf den Boden.

„Sag mal Sina...", sagte sie, das süße Naschwerk genießend, „...hatte Arne nicht dunkles Haar als er auf die Welt kam?"

„Das ist richtig, inzwischen hat er sie verloren, und dann kam ein heller Flaum zum Vorschein. Da Rainer und ich blondes Haar haben, waren wir doch sehr erstaunt über den erst dunklen Schopf. Tim hat sich sehr verändert, ich glaube, er kommt nach dir!" bemerkte Sina freundlich.

Anne schaute etwas nachdenklich. „Ich denke, dass es einem selbst gar nicht so auffällt, ich sehe viel von Justus in ihm", verriet Anne Sina.

Sina nahm sich noch ein Kuchenstück, biss herzhaft hinein und fragte etwas undeutlich: „Und was meinst du über Arne? Wem sieht *er* wohl ähnlich?"

Anne musste gestehen, dass sie sich an Rainer gar nicht mehr so erinnerte. Er war nicht unbedingt ihr Typ, so sehr beeindruckte er sie nicht, als dass sie ihn genau betrachtet hätte.

Arne wurde unruhig und strampelte unzufrieden.

„Weißt du Sina, vielleicht kann ich dir später etwas dazu sagen, jetzt fällt es mir noch schwer, das zu erkennen", wich Anne aus.

Sina war bereits aufgestanden, schnappte sich Arne und setzte sich wieder mit ihm auf die Couch.

„Er wird wohl Hunger haben", meinte Sina gelassen, zog ihren Pullover hoch und fing an, ihn zu stillen.

Anne überkam wieder ein leichtes Unbehagen. Sie überlegte schon, ob sie den Raum verlassen sollte, doch irgendwie war ihr Blick nur auf Sina gebannt. Für sie war dies anscheinend das Normalste auf der Welt.

Arne trank kräftig, so dass sich Anne fragen musste, ob es Sina nicht weh tat. Diese schaute die ganze Zeit ihren Sohn liebevoll an und hatte ihren Besuch für einen kurzen Moment vergessen.

„Ach Anne, reichst du mir bitte einmal die Windel vom Sessel?", fragte Sina sich ihr wieder zuwendend.

Annes Blick löste sich von den beiden. Sie gab ihr die Windel herüber. Sina legte sie sich über die Schulter und hielt Arne hoch. Nach einem kräftigen Bäuerchen folgte die zweite Brust. Wieder trank Arne mit einer Inbrunst, als hätte er noch nichts bekommen. Danach lag er entspannt in Sinas Armen, lächelte zufrieden, während ihm noch ein Milchtropfen am Mundwinkel herunterlief.

„Jetzt hat er sich wieder müde getrunken", scherzte Sina erleichtert, nahm Arne vorsichtig hoch, um ihn dann ins Schlafzimmer zu bringen.

Anne konnte einen Blick ins Schlafzimmer werfen und sah ein großes Ehebett, in dem Arne, klein wie er war, mittendrin thronte. Als Sina wiederkam , schloss sie ganz leise die Tür.

Annes Blick musste wohl Bände gesprochen haben, denn Sina reagierte mit einem entschuldigenden Räuspern.

„Ja, ich weiß schon, wenn Kinder einmal im Ehebett schlafen, bekommt man sie dort nie wieder heraus! Aber er ist immer so schön ruhig, schreit kaum und ich kann, wenn ich ihn in der Nacht gestillt habe, schön weiterschlafen. Purer Egoismus."

Sina lächelte etwas verlegen und grinste dann wie ein Honigkuchenpferd.

Anne wusste nicht so recht, was sie darauf erwidern sollte und lenkte vom Thema ab.

„Was macht ihr beiden denn eigentlich beruflich?" fragte sie neugierig.

Sie blickte auf Tim und hatte plötzlich das

dringende Bedürfnis ihn auf den Arm zu nehmen. Er aber spielte so zufrieden, dass sie es nicht wagte.

„Mit 17 habe ich eine Ausbildung als Arzthelferin begonnen. Danach durfte ich noch zwei Jahre dort weiter arbeiten. Wir sind erst vor ein paar Monaten hier nach Düsseldorf gezogen, vorher haben wir in Frankfurt gelebt. Weißt du, Rainer ist Architekt", erzählte Sina nicht ohne Stolz. „Er ist für mich umgezogen, weil auch meine Eltern hier in Düsseldorf leben. In Frankfurt vermisste ich sie doch sehr. Ich habe auch noch eine Schwester, die ist drei Jahre älter als ich und wohnt auch hier. Sie ist verheiratet und hat zwei Kinder. Durch ihre beiden „Süßen" bin ich erst richtig aufs Kinderkriegen gekommen", plauderte Sina weiter und gestikulierte dabei eifrig mit ihren Händen.
Anne dachte nach und lächelte. Sie mochte die Art und Weise, wie Sina sich bewegte und dabei erzählte.
„Dann bist du ja mit 17 Jahren nach Frankfurt gegangen, was hat dich denn dort hingezogen?", fragte Anne sehr interessiert.
Sina legte ihre Beine auf die Couch und sah verträumt vor sich hin. „Zu der Zeit habe ich Rainer kennengelernt. Er war bei Freunden zu Besuch. Na ja, und ich war dort halt auch eingeladen. Nun, du siehst ja, was daraus geworden ist. Ich habe mich auf den ersten Blick Hals über Kopf in ihn verliebt. Mit seinen fünf Jahren Vorsprung hatte er eine sehr reife und männliche Ausstrahlung."
Sie wackelte sichtlich schwärmend mit den Zehen-

spitzen, während sie weiter erzählte.

„Als er wieder nach Hause fuhr, war ich das heulende Elend. Irgendwie habe ich meine Eltern dazu bekommen, mit Rainer in Frankfurt zu leben. Die Bedingung war natürlich eine gute Ausbildungsstelle zu suchen, die ich glücklicherweise auch schnell fand. Rainer hatte seine Ausbildung auch noch nicht abgeschlossen. Seine Eltern, bei denen Rainer zu der Zeit noch wohnte, fanden mich ganz nett und haben mich gleich in die Familie aufgenommen."

Ihr Blick wurde plötzlich sehr ernst, als würde sie in die Vergangenheit zurückkehren.

„Meine Eltern waren sehr betroffen, aber ich war unausstehlich hartnäckig, so dass sie geradezu kapitulierten. Ich fand meine Freiheit traumhaft, aber du siehst ja, jetzt bin ich wieder hier. Rainer konnte sich durch seine Besuche hier in Düsseldorf sehr gut mit dieser Stadt anfreunden. Er wollte nicht in Frankfurt alt werden, außerdem zog ihn die Lust auf etwas Neues hierhin. Rainer ist Einzelkind, und seine Eltern vergöttern ihn. Er hat sich dort lang genug verwöhnen lassen", stellte Sina sehr überzeugt fest.

Tim war doch tatsächlich auf dem Boden eingeschlafen. Er schlief wie ein Engel. Mit angewinkelten Beinchen lag er da und saugte an seinen Fingern.

Anne hatte ihre Sorgen vergessen, ihre Aggressivität Tim gegenüber schien ganz weit weg zu sein, sie war einfach nur entspannt. Sie hätte Sina noch stundenlang zuhören können.

„Jetzt habe ich die ganze Zeit geredet, erzähl doch

mal was von dir", forderte Sina Anne auf.

Schlagartig änderte sich Annes Stimmung. Sie errötete, schaute verlegen auf ihre nun nervös nestelnden Hände. Sie mochte es nicht, wenn es um ihre Person ging. Was hatte sie schon zu erzählen?

Beseelt

Anne war auf dem Weg nach Hause. Sie schaute
zum Himmel hinauf, der jetzt strahlend blau war.
Ihr Besuch bei Sina verging wie im Flug, sie wäre
gern noch länger in ihrer Gesellschaft geblieben.
Anne hatte noch ein wenig über sich erzählt, blieb
jedoch oberflächlich, da sie sich dabei nicht besonders wohl fühlte.
Zum Glück erwachte dann auch Tim. Er war völlig
„verdreht". Anne hielt es für besser, ihn zu Hause
zu versorgen, sie hatte es ja nicht sehr weit. Justus
würde wohl auch schon auf sie warten. Am liebsten wäre sie noch etwas allein gewesen, viele Gedanken jagten ihr durch den Kopf.
Es war so ein herzlicher Abschied gewesen. Sina
hatte vorgeschlagen, sie das nächste Mal mit zu ihrer Schwester zu nehmen. Es sei doch gut, wenn
mehrere Frauen sich träfen, das vertriebe die Langeweile, meinte Sina, denn sonst wäre unser „Mut-
terdasein" doch etwas stupide.
Anne fand diese Aussage sehr interessant. Also
ging es doch jeder Mutter ähnlich wie ihr. Etwas
anderes als das tägliche Einerlei musste also doch
noch zu finden sein.

Justus war doch noch nicht zu Hause und Tim
wollte versorgt werden. Er hatte Hunger, und seine Windel musste auch gewechselt werden. Anne
nahm ihn liebevoll auf den Arm und erzählte ihm
alles Mögliche. Tim schien sehr aufmerksam zuzu-

hören und griff mit seinen kleinen Händchen immer wieder in ihr Gesicht.

Als seine Milchflasche fertig war, nahm sie ihn so in den Arm, dass er ganz nahe an ihrer Brust lag und fütterte ihn. Es war ein schönes, intensives Gefühl. Sie fühlte sich eng mit Tim verbunden. Sie sah seine kleinen Hände, die zu Fäustchen zusammengeballt waren, seine kleinen Ohren, ob er die wohl von Justus hatte? Seine Augen waren geöffnet, aber sein Blick ging an ihr vorbei.

„So ein hilfloses Wesen", dachte Anne, „wie sollte er ohne seine Mutter zurechtkommen?" Wie war er doch auf ihre Liebe und auf die gute Versorgung seiner Bedürfnisse angewiesen und wie oft war sie wütend auf ihn gewesen.

Gerade am Abend, wenn sie ihre Ruhe haben wollte, war sie sehr ungeduldig mit ihm. Wenn Tim dann auch noch vor dem Schlafengehen schrie, war sie wirklich sauer auf ihn. Dann bekam auch Justus etwas zu hören, der sich dann langsam zur Wiege begab. Ein leichtes Schaukeln genügte schon, damit Tim langsam einschlief. Denn Anne war dazu nicht mehr imstande, abermals fühlte sie sich schuldig.

Sina hatte diese liebevolle Wärme ausgestrahlt. Anne war davon noch ganz beseelt.

Sie wickelte Tim behutsam, kitzelte ihn an den Füßen und lächelte ihn an, während sie mit ihm sprach. Hatte er gerade deutlich mehr auf sie reagiert als sonst?

Über drei Monate stand die Pflege und Versorgung mehr im Vordergrund. Sie hatte ihn gefüttert, gewickelt und all das Dazugehörige getan, ihn dann aber wieder von sich weg gelegt, so, als wollte sie ihn nicht an sich heran lassen. Anne fragte sich, warum sie ihm gegenüber all die Zeit so distanziert war.

Nach dem Wickeln setzte sie ihn zum Spielen auf die Krabbeldecke. Sie legte sich dazu und war so müde, dass sie einnickte.

Der Besuch

Patricia, Sinas Schwester, lebte in einer Wohnsiedlung, sehr nahe am Rhein gelegen in Düsseldorf. Sie wohnte in einer Erdgeschosswohnung mit großem Garten. Es war ein Altbau, die hohen Räume verliehen der Wohnung eine unheimliche Weite.

Mit ihren hundert Quadratmetern empfand Anne sie als Traumwohnung. Die Räume waren interessant geschnitten. Patricia war im Besitz einer wunderschönen Wohnküche.

Da es geschneit hatte, saßen alle in der Küche versammelt. Das Wohnzimmer war bei der Kälte nicht beheizt, da Patricia auf die Heizkosten achten musste.

Es war ein ganz schönes Durcheinander, von der Lautstärke ganz abgesehen.

Patricia hatte zwei Jungen im Alter von vier und fünf Jahren. Andreas war der Vierjährige, und der Fünfjährige hieß Leo. Die beiden waren ziemliche Raufbolde, und Anne überlegte gerade, ob es ihnen wohl an Erziehung fehlte, als sie von Sina angesprochen wurde.

„Siehst du, ich habe mein Versprechen gehalten mit dir meine Schwester zu besuchen. Die Frage ist nur, wie lange du es hier aushalten kannst. Die beiden Kerle halten Patricia ordentlich auf Trab!", flüsterte Sina verschmitzt.

Anne musste lächeln. Sina war wirklich schrecklich ehrlich.

„Danke, dass du angerufen hast. Die Abwechslung tut mir sehr gut und Patricia gefällt mir auch", flüsterte Anne zurück. Sie wollte noch etwas sagen, aber da fiel plötzlich ein Glas vom Tisch herunter. Zum Glück war es leer, und sie konnte es gerade noch auffangen.

Als sie wieder nach oben schaute, sah sie die Ursache des Unfalls. Ein Ball rollte über den Tisch, und die Jungen kämpften wild darum, wer ihn bekommt.

Patricia kam gerade aus dem Badezimmer, stürzte auf die beiden Übeltäter zu und schimpfte mächtig mit ihnen. Andreas und Leo waren nicht sehr beeindruckt, gingen aber wieder in das Wohnzimmer zurück. Leo riss seinem Bruder den Ball aus der Hand, woraufhin Andreas wild nach seiner Mutter schrie. Diese eilte ein weiteres Mal wütend herbei, trennte die beiden und schickte sie jeweils in ihr Zimmer.

Patricia setzte sich nun etwas genervt auf den Küchenstuhl und lächelte entschuldigend.

„Du lernst uns ja am ersten Tag schon richtig gut kennen, Anne. Sina findet es hier auch immer sehr amüsant!"

Patricia sah Sina mit einem leicht besorgten Blick an und fragte: „Hast du ein paar Erziehungsratschläge für mich? Ich fühle mich wieder total überfordert, und sehr einfallsreich war ich ja noch nie. Das ist schon eher dein Gebiet, Sina!"

Anne spürte keine Ironie dabei, die beiden Schwestern hatten wohl ein sehr vertrautes Verhältnis.

„Ja, erst einmal liege ich klar im Vorteil, denn es

sind nicht meine Kinder, die ich Tag und Nacht versorgen muss. Das zehrt schon sehr an den Kräften, aber Patricia, du weißt, dass ich dich oft nicht gerade als sehr konsequent empfinde. Darüber haben wir ja schon oft gesprochen", sagte Sina sanft.

„Ja ich weiß, ich habe so viele andere Dinge im Kopf, ich reagiere nur, ohne zu Denken, was jetzt sinnvoll wäre. Ich habe eben nicht deine Ruhe", stieß Patricia etwas leise und müde hervor.

Sie wirkte plötzlich sehr erschöpft. Sina nahm sie in den Arm.

„Das wird schon werden, aber im Moment habe ich nicht den Eindruck, dass du wirklich etwas ändern möchtest", erwiderte Sina nicht böse meinend, aber doch mit einigem Nachdruck.

Anne schaute zu Tim, der sich unzufrieden und weinerlich räkelte. Dies war nicht verwunderlich, die Unruhe und Lautstärke übertrug sich auf den Säugling. Leicht angespannt nahm sie ihn auf den Arm und lief ein bisschen hin und her, unschlüssig, wie sie ihn beruhigen sollte.

Patricia war vorhin sehr laut mit ihren Kindern. Irgendwie wurde es Anne zu viel, nur wusste sie nicht, wie sie allein nach Hause kommen sollte. Sie war wirklich überempfindlich. Sie wusste doch, dass es in Familien mit Kindern oft zu Konflikten kam. Nur konnte sie damit nicht umgehen und stellte dabei fest, dass sie ein sehr extremes Harmoniebedürfnis hatte. Jeder Unfrieden griff sie an, und sie zog sich innerlich zurück.

Sina und Patricia unterhielten sich weiter angeregt. Die Jungen waren inzwischen aus ihren Zimmern gekommen und fingerten ständig an Arne herum, der es erstaunlich ruhig über sich ergehen ließ.

So verging langsam der Nachmittag. Anne fühlte sich durch ihre Passivität mehr ausgeschlossen, als an dem Geschehen beteiligt. Sie war froh, als sie sich endlich verabschiedeten.

Sina bemerkte, dass Anne recht still im Auto saß, als sie nach Hause fuhren.

„Wie wäre es, wenn wir uns regelmäßig einmal die Woche treffen würden, was meinst du dazu? Wir wohnen so nahe beieinander, da können wir einiges zusammen unternehmen", bot sie Anne spontan an und schaute in ihrer Art liebevoll zu ihr herüber.

Anne freute sich darüber. Sie selbst wäre nicht so direkt gewesen, hätte erst lange überlegt, ob es nicht zu aufdringlich sei. So antwortete sie schnell, dass sie es sehr schön fände. Sie wählten den Dienstag aus und verabschiedeten sich herzlich. Anne durchströmte eine angenehme Müdigkeit, als sie aus dem Auto stieg. Zufrieden nahm sie ihren Sohn auf den Arm, hängte sich ihre Tasche um die Schulter und winkte lächelnd ihrer Freundin zum Abschied zu.

Die Schwestern

„Hallo!", riefen Annes Schwestern fast gleichzeitig, aufgeregt in der Wohnungstür stehend. Sie waren total begeistert, Tim endlich mal wieder sehen zu können.

Anne war kaum in der Wohnung und schon wurde ihr die Tragetasche, in der Tim lag, geradezu aus der Hand gerissen.

Leonie, die größere von beiden, besaß schon immer mehr Durchsetzungskraft und flink hielt sie auch schon strahlend den Kleinen im Arm. Zum Glück war er wach, satt und zufrieden, sonst hätte er sicherlich laut gebrüllt.

Mia schaute etwas unglücklich drein, da sie wieder einmal einen Rückzieher machen mußte. Sie kam mit ihren 14 Jahren nicht gegen Leonie an. Sie musste sich immer wieder unterordnen. Die Erfahrung hatte sie gelehrt, dass sie, wenn sie dies tat, mit ihrer 16-jährigen Schwester ganz gut zurecht kam.

„Ist der süß!", schwärmte Leonie und streichelte Tim liebevoll über den Kopf.

„Anne, kann ich ihn gleich auch mal halten?", fragte Mia und schaute Anne dabei hoffnungsvoll an.

„Natürlich", sagte Anne. „Vielleicht könntet ihr mir jetzt auch ein bisschen Platz machen, damit ich meine Jacke ausziehen kann! Sind alle zu Hause?"

Leonie verdrehte die Augen und schüttelte den Kopf.

„Nur wir zwei! Unsere lieben Eltern sind mit den beiden Jungen unterwegs. Florian ist so fett geworden, dass er dringend eine neue Hose braucht und da haben sie Lars direkt mitgenommen. Wer weiß, was die denen für Klamotten kaufen. Bestimmt wieder den Billigkram!", sagte sie abwertend und sah provokativ auf ihre neue Hose, die sie gerade an hatte.

„Das Geld dafür habe ich mir selbst verdient, geht ja hier nicht anders!", erzählte sie weiter.

Anne kam immer unangemeldet zu Besuch und das auch nicht sehr häufig, aber Leonie ging ihr mit ihrem Gehabe jetzt schon wieder auf die Nerven.

Sie verstand sich immer besser mit Mia, die so ein ruhiges und liebes Wesen zeigte. Leider war dieser Charakterzug bei ihr zu ausgeprägt, so dass sie sich oft wie ein Chamäleon der Umwelt anpasste.

„Habt ihr mal ein Glas Wasser für mich?", fragte Anne die beiden und nahm Tim aus Leonies Armen, um ihn dann Mia zu geben, die sie dankbar anschaute.

„Das kannst du dir auch selber holen!", entgegnete Leonie und verschwand ins Wohnzimmer, wo sie sich auf die Couch warf und missmutig in den Fernseher stierte, der schon die ganze Zeit lief. Mia wendete sich voll und ganz Tim zu.

Anne ging in die Küche und sah sich nach einem Getränk um. Sie goss sich ein Glas Wasser ein, stellte sich damit ans Fenster und schaute nachdenklich hinaus. Draußen wurde es schon langsam dunkel, sie hatte sich sehr kurzentschlossen auf den Weg zu ihren Eltern gemacht, ohne auf die

Zeit zu achten.

Meistens langweilte sich Anne zu Hause mit Tim. Es dauerte immer so lange, bis Justus nach Hause kam. Manchmal verspürte sie dann eine Sehnsucht nach ihren Eltern und Geschwistern. Doch wenn sie gelegentlich zu Besuch kam, fühlte sie sich nicht wohl und blieb nicht lange.

Mia kam mit Tim in die Küche, sie schaukelte ihn in ihren Armen hin und her. Das schien ihn zu belustigen, denn er lächelte die ganze Zeit dabei.

„Wie läuft es hier zu Hause?", fragte Anne ihre Schwester aufmerksam.

„Es geht", antwortete Mia und zuckte mit den Schultern. „Mama ist gestern wieder schrecklich gewesen, sie hat die ganze Zeit mit Florian herum gemeckert, obwohl er gar nichts gemacht hat. Na gut, er hat sich vier Scheiben Wurst aufs Brot gelegt, aber das ist doch nicht so schlimm, oder?", fragte sie Anne und schaute sie dabei ernst an. „Und Papa hat wieder nur dagesessen, ihn interessiert es gar nicht, was hier los ist. Die beiden reden kaum noch miteinander und wenn, dann motzen sie sich gegenseitig an", erzählte sie weiter und hielt Tim dabei auch mal still. „Kann ich dich nicht öfter besuchen? Du hast es doch so schön bei dir!", bat sie Anne mit glänzenden Augen.

Mia war schon zweimal zu Besuch und wollte nur ungern wieder nach Hause zurück, aber die Wohnung war wirklich auch ein bisschen zu eng. Außerdem wollte ihre Schwester etwas Ruhe haben.

„Sicher", sagte Anne zögernd. „Ist Papa immer noch so viel unterwegs?" erkundigte sie sich und blickte auf das von ihr geleerte Glas in ihrer Hand.

„Ja, wie immer! Der kommt total spät nach Hause und stinkt nach Alkohol!", brachte Mia enttäuscht hervor.

Anne hatte nichts anderes erwartet, hoffte aber doch auf eine ermutigendere Antwort.

„Weißt du was, Mia? Es wird schon dunkel und ich muss nach Hause!", sagte sie abrupt und sehr entschlossen, nahm Tim aus Mias Arm, eilte zur Tragetasche und legte ihn hinein.

Zum Glück ließ er alles ohne Protest mit sich geschehen. Sie schlüpfte schnell in ihre Jacke und warf dabei noch einen kurzen Blick in das Wohnzimmer.

Leonie hatte ihre Sitzposition kaum verändert und auf Annes lautes „Tschüss!" reagierte sie gar nicht.

Mia bot wieder den ihr eigenen traurigen Gesichtsausdruck, welcher bei Anne stets ein schlechtes Gewissen auslöste. Als sie noch zu Hause wohnte, hatte sie sich so gut wie möglich um ihre Geschwister gekümmert. Doch jetzt brauchte sie unbedingt den nötigen Abstand.

Fertig angezogen, mit einem wärmenden Schal um den Hals gewickelt, drückte Anne ihre kleine Schwester noch einmal ganz fest. Sie schaute nicht zurück, bevor die Wohnungstür langsam hinter ihr ins Schloss fiel. Zügig stieg sie die Treppe zum Erdgeschoss hinab. Dort stand Tims Kinderwagen, in dem die Tragetasche ihren Platz fand. Eilig verließ sie das Haus.

Nicht gut genug?

Als Anne zu Hause ankam, war es schon dunkel. Sie hatte Justus keine Notiz hinterlassen, so schnell war sie aus der Wohnung zu ihrem Elternhaus aufgebrochen.

Justus war schlecht gelaunt, das sah sie schon auf den ersten Blick. Seine Körperhaltung und seine Augen verrieten es. Bemüht brachte er ein nettes „Hallo!" zur Begrüßung heraus. Zur Zeit war er nicht sehr ausgeglichen. Nach der Arbeit verging der Abend zur Erholung viel zu schnell und durch das frühe Aufstehen war er ständig übermüdet.

„Meine Mutter hat angerufen, sie möchte mit dir morgen Kleidung für Tim kaufen", erwähnte er beiläufig.

„Das braucht sie nicht!", erwiderte Anne aufgebracht bei genauso mieser Stimmung. Verdrossen hob sie Tim aus der Tragetasche und setzte ihn Justus auf den Schoß.

Justus´ Blick verdüsterte sich.

„Darüber haben wir doch schon so oft diskutiert, wir können froh sein, das wir meine Mutter haben. Schließlich unterstützt sie uns, und sie macht es gern!", ärgerte er sich, nun schon etwas lauter.

„Das mag ja sein, aber wir kommen auch ohne sie klar. Auf dem Flohmarkt bekommen wir schon Kleidung ab 50 Cent. Das ist doch geschenkt, oder? Aber wahrscheinlich ist es nicht gut genug für sie. Aber...", Anne wollte weiter reden, wurde aber von Justus vehement unterbrochen.

„Jetzt reicht es aber, Anne, sei nicht so undankbar und ungerecht! Außerdem gefällt mir auch neue, noch nicht getragene Kleidung. Immer diese Flohmarkt-Rennerei. Das hat mir noch nie richtig gefallen", murrte er nun mit Rücksicht auf Tim etwas leiser vor sich hin, während er sich langsam erhob und den Kleinen auf seine Krabbeldecke legte. Grimmig setzte er sich wieder auf die Couch.

Zu Hause bei den Eltern war er einen höheren Lebensstandard gewöhnt. Er wollte nicht behaupten, dass ihm das Leben mit Anne nicht gefiel, aber sie könnte mehr Anspruch im Leben zeigen. Sie war tatsächlich mit jeglichem Krimskrams zufrieden.

Anne war gerade dabei, die Tragetasche auszuräumen, als sie bei Justus´ Worten innehielt.

„Ist dir das Leben mit mir nicht gut genug, oder was?", stieß sie hervor und sah ihn dabei mit Tränen in den Augen an.

Zu sehr war sie noch gedanklich bei ihrer Familie. Sie konnte die dortigen Verhältnisse nicht beiseite drängen, so etwas kann man nur als „asozial" bezeichnen, entglitt ihr dieser letzte Gedanke unüberhörbar. Dabei warf sie Tims Schal und Mütze auf den Sessel.

Justus hatte nicht vorgehabt sie zu reizen, und nun war er erstaunt über ihre Reaktion.

„Das habe ich doch nicht behauptet, Anne", versuchte er zu beschwichtigen. Aber zu spät!

Anne hatte sich schon im Badezimmer eingeschlossen und hörte ihm gar nicht mehr zu.

Justus stand auf, ging zu Tim hinüber und nahm ihn auf den Arm. „Ich glaube, heute Abend muss ich dich wohl ins Bett bringen. Hoffentlich klärt sich die Lage hier wieder, sonst werde ich noch verrückt", flüsterte er Tim zu. Sanft legte er ihn in das Kinderbett, streichelte gemächlich über den weichen Flaum auf seinem Köpfchen und zog danach die Spieluhr auf. Mit dem weichen Klang der Melodie „Der Mond ist aufgegangen" fielen Tim auch schon bald die Augen zu.

Sina redet Klartext

„Nein, das werde ich nicht tun! Ich weiß, dass du das anders siehst, und trotzdem werde ich es so machen, wie ich es für richtig halte!", schimpfte Sina laut und unbeherrscht.

Anne kam gerade die Treppe herauf. Sinas Wohnungstür stand halb offen. Ihr Blick fiel in den Flur. Sina musste wohl im Wohnzimmer sein, sie schien sehr aufgebracht und telefonierte.

Anne traf heute etwas früher bei Sina ein. Gut gelaunt, aber unschlüssig, stand sie nun mit Tim auf dem Arm in der Wohnungstür, als sie Sinas laute Stimme vernahm. Tim wollte abgesetzt werden, offensichtlich hatte er sich gut an Arnes und Sinas Umgebung gewöhnt. Auch er freute sich, die beiden wieder zu sehen. Sie ließ ihn herunter, und Tim robbte mit einigen flinken Bewegungen durch den Flur.

Anne überlegte, ob sie hinein gehen sollte. Eigentlich wollten sie sich ja direkt auf den Weg zum Rheinufer machen, denn heute hatte Sina das Auto. Rainer war mit einem Arbeitskollegen zur Arbeit gefahren.

„Du musst dich leider daran gewöhnen, ich kann dir dabei nicht helfen!" Sinas Stimme klang sehr hart und entschlossen. „Ich habe Besuch und keine Zeit mehr!", brauste sie auf und knallte wütend das Telefon auf den Tisch.

Als Sina um die Ecke kam und Anne sah, hatte sie Tränen in den Augen, ihr Gesicht war immer noch gerötet vom Zorn. Um ihre Beherrschung wieder zu gewinnen holte sie zweimal tief Luft und bat Anne: „Kannst du bitte schon mal mit Tim zum Auto gehen? Ich gebe dir den Schlüssel! Die Kindersitze sind schon beide eingebaut, ich komme gleich mit Arne nach."

Sina fuhr den Wagen sehr geschickt und langsam durch den dichten Straßenverkehr. Sie hatten bis jetzt noch nicht viel gesprochen. „Zum Glück ist es nicht so still im Auto", dachte Anne, denn die Jungen brabbelten vergnügt vor sich hin. Beide waren begeisterte Beifahrer.
Sina ging es deutlich besser und sie blickte konzentriert auf die Straße.
„Es tut mir leid, dass ich gerade so ausgerastet bin! Das ist schon wirklich selten bei mir. Aber manchmal weiß man nicht wohin mit seinem Ärger."
Sina sprach wieder in ihrem gewohnt ruhigen Ton.
Anne hatte Sina so noch nicht erlebt und spürte, dass sie größtes Verständnis für sie aufbrachte. Da musste schon ordentlich was im Argen gewesen sein.
„Mach dir keine Gedanken, Sina, ich weiß zwar nicht was gewesen ist, aber auch ich könnte so manches Mal explodieren. Leider kann ich es nicht so herauslassen wie du, aber es muss sehr befreiend sein", antwortete Anne sehr vertrauensvoll und mit einem humorvollen Lächeln.
Irgendwie hat es mir sogar gefallen, überlegte sie, es kann ja nicht immer alles glatt laufen. Sina machte dadurch gleich einen „normaleren" Eindruck auf Anne, und sie war froh darüber. Sie war

sowieso begeistert von Sina und sah von Beginn an in ihr ein Vorbild. In diesem Moment fühlte sie sich ihr sehr nahe und wollte schon ergründen, was wohl vorgefallen war, aber sie hielt sich zurück. Es wäre sicherlich nicht korrekt gewesen.

Sie befanden sich jetzt im dichten Stadtverkehr. Anne bewunderte immer wieder aufs Neue diese mächtigen Glasgebäude, die ihr beeindruckend glänzend ins Auge stachen. Die Menschen wirkten so klein dagegen. Jeglicher Typ Mensch war vertreten und suchte hektisch seinen Weg. „Die Welt ist schon komisch, ein einziger Ameisenhaufen", dachte sie.

Sina musste an einer roten Ampel halten. Mit ernster Miene sah sie Anne an. „Meine Emotionen spontan herauslassen, das konnte ich nicht immer. Ich musste es erst lernen, und das war ein weiter Weg für mich", erklärte sie, bevor sie ihre Aufmerksamkeit wieder auf den Straßenverkehr richtete.

„So, jetzt kann es auch nicht mehr weit zu den Parkplätzen sein, nur noch ein paar Minuten. Achte doch bitte mit auf die Parkschilder, dann kann ich mich schneller einordnen, ja?", bemerkte sie nun wieder deutlich munterer. Jetzt war sie wieder ganz die „Alte".

„Hier können wir gut parken!", rief Anne und wies mit dem Zeigefinger auf eine Parklücke. Sie freute sich auf den Ausflug und war froh, endlich aus dem Auto steigen zu können. Sina reagierte prompt und fädelte sich vorsichtig in die Lücke ein.

Die beiden Jungen waren die ganze Fahrt über artig, aber nun schienen auch sie genug zu haben. Anscheinend spürten sie, dass die Fahrt zu Ende ging.

„So, jetzt beginnt unser Urlaubstag!", freute sich Sina, während sie den Motor ausschaltete und die Wagentür öffnete.
Draußen reckte und streckte sie sich, machte ein paar Kniebeugen und wendete sich dann den Kindern zu.
„Komm her, kleiner Arne!", rief sie herzlich, nahm ihn aus dem Kindersitz und knuddelte ihn überschwänglich.
„Vielleicht finden wir eine schöne Ecke, wo die Kinder ein bisschen am Wasser spielen können", warf Anne ein.
„Da werden wir erst einmal ein gutes Stück laufen müssen, aber das tut uns gut. Unsere „Buggies" bieten ja genügend Stauraum. Und meinen Rucksack können wir auch noch nutzen, da werden wir wohl alles unterkriegen, was wir für unser Picknick brauchen. „Also Jungs, ab in die Fahrzeuge und angeschnallt!", scherzte sie und hob sogleich Arne in seinen „Buggy" hinein.
Anne hatte Tim schon hineingesetzt und gab ihm seine Teeflasche in die Hand. Er lächelte, als Anne ihn wild und voller Energie anschob.

„Das Leben ist so schön!", rief Sina voller Inbrunst in die Natur und man konnte in ihrem Gesicht ein Strahlen erkennen, welches ihren Worten noch ein deutlicheres Gewicht verlieh.
Anne und Sina hatten wahrlich ein kleines Para-

dies gefunden. Wiese, Wasser, Sonne und unendlich viele Steine für die Kinder. Tim und Arne waren von jedem Stein immer wieder neu beeindruckt, sie wurden gedreht und gewendet und lautstark mit einem „Da!" beurteilt. Zum Glück lagen dort überwiegend große Steine, denn beide hatten natürlich auch schon von den Steinen gekostet, worauf Anne und Sina mit einem lautstarken „Bah, das ist Bah!", reagierten und lachten.

Mit ihren Handys machten sie Fotos. Sicherlich waren die Motive immer die gleichen, aber die Gesichter der beiden Kinder waren so lustig, dass sie nicht genug davon knipsen konnten.

Hungrig stürzten sie sich auf ihren Proviant und es war köstlich. Anschließend lagen sie satt, faul und zufrieden auf ihren Decken und schauten in den Himmel.

„Solche Tage dürften nie zu Ende gehen!", sagte Sina plötzlich mit so einem Ernst, dass Anne leicht erschrak.

Sinas Gesicht hatte alle Fröhlichkeit verloren.

„Weißt du, Anne - Der Mensch ist ein dummes Wesen! Er hat es verlernt, auch in den kleinen Dingen einen Wert zu erkennen. Es ist so herrlich, gesund und satt zu sein, liebe Menschen um sich zu haben – ja, und vor allem gesund zu sein", philosophierte sie nachdenklich.

Tim und Arne waren inzwischen sehr müde geworden, Tim lutschte am Daumen, das hatte er sich mittlerweile angewöhnt. Arne fielen langsam die Augen zu. Sina hatte Arne zu sich gelegt und streichelte ihm fortwährend über den Rücken. Bald würde er einschlafen. Da es schon Mittag war, konnten die beiden Jungen nicht länger der Müdigkeit standhalten. Der Schlaf würde ihnen gut tun. Anne traute sich nicht, auf Sinas zuletzt gesagten Worte etwas zu erwidern. Sie nahm Tim auf den Arm und brachte ihn in seinen „Buggy", der in Liegestellung bereitstand, damit auch er schlafen konnte.

„Eigentlich wollte ich es dir nicht erzählen, Anne, aber du bist mir sehr wichtig im Leben geworden! Oft spüre ich, dass du etwas auf dem Herzen hast. Du bist immer so nachdenklich, und manchmal liegt in deinem Gesicht so viel Traurigkeit, die du vielleicht selbst nicht bemerkst", sagte Sina leise und drehte sich auf den Rücken, um wieder in den Himmel zu schauen. „Vielleicht hilft es dir ein bisschen, wenn ich dir von mir erzähle." Sina strich sich währenddessen die Haare aus dem Gesicht.

Anne wusste nicht, wie sie auf Sinas Worte reagieren sollte, denn sie hatte nicht unrecht mit der Bemerkung. Sie konnte Sina nicht in die Augen schauen und tat daher sehr beschäftigt, sich etwas zu essen zu nehmen. Sie biss lustlos in ihr Brötchen, als Sina weiter sprach: „Als ich klein war, habe ich meinen Eltern viel Sorgen bereitet. Ich war sehr kränklich, schwitzte immer viel und sehr stark. So erzählten meine Eltern es mir später. Ich hatte häufig Bronchitis mit so starkem Husten, dass ich ganz schlimme Atemnot bekam. Durch die Verschleimung meiner Atemwege musste ich oft fürchterlich nach Luft ringen. Als ich dann dazu noch eine Lungenentzündung bekam und meine Eltern mich schon bei mehreren Ärzten vorgestellt hatten, erhielten sie zuletzt die Diagnose „Mukoviszidose" - das ist eine vererbbare Erkrankung. Mit meinen gerade vier Jahren war das der Höhepunkt meiner Krankheit. Nun war ich das Sorgenkind zu Hause, wurde gepflegt und gehegt, und manchmal fühlte ich mich so eingeengt und genervt, nicht nur durch meine Krankheit, sondern auch durch meine Mutter. Sie war alle Zeit um mich herum, wollte mir alles recht machen. Es war gut gemeint, heute verstehe ich das. Doch für mich war es zu viel des Guten. Ich sah, wie unglücklich und verängstigt meine Mutter war!"

Sinas Gesichtsausdruck ließ auf echtes Mitgefühl mit ihrer Mutter schließen.

„Mit den Jahren ging es mir dann besser. Es tauchte die Frage auf, ob die richtige Diagnose gestellt worden war. Vielleicht ist jeder Krankheitsverlauf ein anderer und ich habe Glück gehabt. Auf jeden Fall geht es mir jetzt ganz gut", erzählte sie.

Sina setzte sich auf und kramte in ihrer Tasche nach einem Bonbon. Sie öffnete es langsam und schob es genüsslich in ihren Mund. Während sie eifrig lutschte, erzählte sie weiter: „Meine Mutter konnte mich nie richtig loslassen, sie war in ihrer Angst um mich gefangen."

Anne hatte sehr interessiert zugehört und stellte sich die Frage, worauf Sina hinaus wollte. Da es ihr jetzt gut ging, konnte sie doch zufrieden sein.

„Wenn du so nach Luft ringen musst und dein Leben dadurch so eingeschränkt ist, wie es bei mir war, da freust du dich, gesund zu sein. Ich werde diese Zeit nie vergessen können. Aber sie hat mir auch geholfen, mein Leben etwas dankbarer zu empfinden, als es vielleicht andere Menschen können", sprach Sina überzeugt, während sie ihren Kopf mit den Händen gemütlich abstützte.

„Bis es mir deutlich besser ging, war ich schon im Alter von circa zwölf Jahren. Ja, das war eine harte Zeit", erinnerte sie sich.

„Ist Patricia nicht krank geworden?", fragte Anne interessiert.

„Zum Glück nicht!", antwortete Sina, „...aber sie hatte darunter zu leiden, denn sie war sehr eifersüchtig auf mich, da meine Mutter sich so intensiv um mich kümmerte. Und weißt du was, jetzt will meine Mutter mir wieder ständig in mein Leben hinein reden. Bis jetzt ging es noch, aber nun möchte sie, dass ich Arne untersuchen lasse, da Mukoviszidose ja eine erbliche Erkrankung ist", flüsterte sie nun, da Arne sich im Schlaf unruhig hin und her bewegte und sich die Augen rieb.

„Ich sage dir, dass ich mit 17 Jahren nach Frankfurt gezogen bin, war bitter nötig. Ich musste einfach mal raus aus der Umgebung", berichtete sie leise weiter.

Anne hatte die ganze Zeit nachdenklich da gesessen und jetzt begriff sie auch Sinas Verhalten, als sie in der Wohnung stand und auf Sina wartete.

„Was wäre so schlimm daran, wenn du Arne untersuchen lassen würdest?", fragte sie.

„Anne, bis jetzt geht es Arne doch gut! Warum soll ich mich verrückt machen? Nehmen wir einmal an, ihm geht es schlecht und die Beschwerden deuten auf diese Krankheit hin, dann reicht es immer noch, mich damit auseinander zu setzen, oder?", fragte sie und suchte Bestätigung in Annes Blick.

„Ich habe Angst davor! Meine Mutter erinnert mich dadurch an meine Krankheitsgeschichte und wirft mir vor, zu nachlässig zu sein. Kannst du das verstehen?", fragte Sina. Arne war derweil aufgewacht.

Anne schaute nachdenklich drein, bevor sie ihre Meinung dazu kundtat: „Ich glaube, dass du es wirklich selbst entscheiden musst. Was sagt denn Rainer überhaupt dazu? Du sprichst doch sicher auch mit ihm darüber, oder?", erkundigte sich Anne.

Sie nahm ihre Wasserflasche, die ziemlich warm geworden war, trank durstig daraus und verschloss sie wieder fest. Allmählich wurde sie selbst müde vom häufigen Anblick ihres schlafenden Sohnes.

„Natürlich! Rainer kann mich gut verstehen. Da Arne gesund und munter ist, sieht er auch vorläufig keine Notwendigkeit, ihn untersuchen zu lassen. Also bis jetzt ist er ganz gelassen!", äußerte Sina nicht ohne Stolz über seine innere Kraft.

Anne fuhr sich mit den Händen durch die Haare, band sie zu einem Knoten und steckte diesen mit ihrer Haarspange fest. „Kannst du nicht mit deiner Mutter darüber reden?", fragte sie nach einer Lösung suchend.

Sina stand gerade auf, strich sich über ihre Jeans und verzog ihr Gesicht.

„Zwischenzeitlich hatten wir überhaupt keine gute Zeit. Das war, als ich langsam aus meinem gewohnten Verhalten aufwachen und mich verändern musste. Ich fühlte mich verpflichtet, immer das brave Mädchen zu sein, meiner Mutter zu zeigen, dass es mir gut geht. Es freute mich immer, wenn sich ihr Gesicht mit einem Lächeln aufhellte".

Sina war mit ihrer Hose immer noch nicht zufrieden und zerrte nun an ihrem Gürtel herum, während sie weiter erzählte: „Dies versuchte ich so oft wie möglich zu erreichen, denn es war nicht schön, das Leben meiner Eltern so voller Sorge zu sehen. Obwohl mein Vater wesentlich gelassener damit umgehen konnte. Schließlich war er ja ständig arbeiten."

Endlich war sie mit ihrer Kleidung zufrieden und schaute sich suchend um.

„Doch irgendwann musste ich erkennen, dass ich selbst auch noch auf mich zu achten hatte, denn das habe ich vollkommen außer Betracht gelassen, habe mich nur ständig angepasst. Also begehrte ich auf. Ich veränderte mich, war halt nicht mehr so lieb, wie vorher."

„Anne, weißt du wo Arnes Sonnenhut abgeblieben ist?", fragte sie, den Redefluss unterbrechend.

„Hier liegt er doch!", rief Anne und reichte Sina den Hut.

„Weißt du was, Anne? Ich wollte eigenständiger werden. Außerdem war Patricia mitten in der Pubertät und sie verschonte unsere Eltern überhaupt in keiner Weise. Das hat mir sehr imponiert", erzählte Sina weiter.

„Kommst du im Moment denn gar nicht mit deiner Mutter zurecht?", fragte Anne interessiert und stand auf, um sich für die Rückkehr bereit zu machen.

„Es geht. Aber in diesem Punkt, was Arne betrifft,

habe ich das Gefühl, dass wir beide aneinander vorbei reden", entgegnete Sina leicht entmutigt.

„Ach Sina, es wird schon werden! Denk daran, wie sehr deine Eltern es gut mit dir meinen. Ich wünschte, ich könnte dies von meinen Eltern behaupten!", sagte Anne in traurigem Tonfall und packte ihre Sachen in das Netz ihres Buggys.

„Sina, sollen wir uns mal langsam auf den Rückweg machen? Justus und ich wollten uns noch ein Kinderbett für Tim ansehen, es ist gebraucht und sehr günstig zu kaufen", fragte Anne etwas verlegen.

„Natürlich. So einen Tag wie heute müssen wir dringend wiederholen, Anne! Als ich dich im Krankenhaus kennengelernt habe, wusste ich, dass wir uns gut verstehen würden", freute sich Sina und hakte sich bei ihrer Freundin ein.

Frohe Weihnachten !

Es wurde Dezember und Tim entwickelte sich gut. Er bewegte sich mühelos hin und her und angelte nach allem, was er nur erreichen konnte. Mit seinen fünf Monaten war er ein niedliches Kerlchen. Justus, der stolze Vater, konnte Tim immer wieder zum Lachen bringen und wenn er nach Hause kam, wurde er jauchzend begrüßt. Justus schmuste und alberte mit ihm. Ein wirklich enges Verhältnis war beiden anzusehen.

Anne hatte weiterhin ihre Schwierigkeiten, die sie selbst nicht einzuordnen wusste. Sie wollte eine gute Mutter sein, so wie Sina, spürte jedoch immer wieder eine Distanz zu Tim, für die sie keine Erklärung fand.

Tim forderte sie stark, sie fühlte sich oft genervt und ging nicht immer sachte mit ihm um. Dadurch entwickelte sie Schuldgefühle, nicht so zu sein, wie eine Mutter zu sein hätte. Es war schon sehr verwirrend. Sie empfand nur kurze Momente der Innigkeit, die schnell wieder verloren gingen.

Selbst Justus bemerkte es, aber Anne konnte es ihm nicht erklären. Tim zeigte ihr gegenüber eher ein quengelndes Verhalten, vielleicht beschäftigte sie sich zu wenig mit ihm?

Annes Gedanken waren oft woanders, ihr Egoismus war stark ausgeprägt. Sie hatte oft das drängende Verlangen, ihr Leben nicht ständig nach diesem kleinen Wesen auszurichten. Wenn Tim nicht gerade schlief, brauchte er viel Aufmerksamkeit und Anne fühlte sich nie bereit dazu, ihm diese zu geben. Den richtigen Rhythmus hatte sie mit Tim auch noch nicht gefunden, dazu lebte sie selbst zu chaotisch.

Ihre gemeinsame Wohnung sah unaufgeräumt aus, viel lag wahllos herum und sie war unorganisiert. Justus sorgte für Ordnung, wenn alles Überhand nahm und war richtig verärgert darüber. Ihre gemeinsame Beziehung litt darunter.

Seit Tims Geburt wurde aus der Zweierbeziehung eine kleine Familie, plötzlich drehte sich alles nur noch um das Kind. Sie hatten wenig Zeit füreinander, für jeden galt es, seine Aufgaben zu erfüllen. Danach waren sie einfach nur müde und ruhebedürftig.

Annes Lichtblick war ihre Freundschaft mit Sina, welche so lebendig und fröhlich war. Sie nahm das Leben unbeschwert in Angriff, war durchorganisiert und freute sich täglich über ihren Sohn. Alles schien so leicht und voller Liebe zu sein. Warum es Sina leichter fiel als manch anderen, das Leben zu schätzen, hatte Anne ja auf ihrem Ausflug mit Sina erfahren. Wenn Anne mit ihr zusammen war, fühlte sie sich einfach nur wohl und auch geborgen. Der Dienstag war mittlerweile der schönste Tag in der Woche. Wenn Sina einmal absagen musste, war Anne wirklich sehr enttäuscht.

So war es auch diesmal. Arne war krank, er hatte leichtes Fieber und war etwas verschnupft. Sina wollte lieber vorsichtig sein, zumal sie sich selbst auch nicht fit fühlte.

Nun empfand Anne wieder so eine Leere, die sie nicht beschreiben konnte. Der Tag lag unendlich

lang vor ihr und ihre Stimmung war „im Keller".
Justus arbeitete, draußen war es kalt und unge-
mütlich. Sie hatte keine Lust, sich um den Haushalt zu kümmern, und Tim war auch noch da. Den
ganzen Tag wickeln, füttern, schlafen legen…! Wie
sollte sie diese Ewigkeit bis zum Abend nur
schaffen? Es war doch erst kurz vor neun am
Morgen. Justus würde erst gegen 18.00 Uhr zu
Hause sein.
Tim wurde gerade wach und weinte wieder einmal. Anne nahm ihn hoch, um ihn zu wickeln und
zu füttern.
Sensibel, wie er war, spürte er wohl ihre Unausge-
glichenheit, denn er weinte die ganze Zeit über
beim Wickeln. Oder wurde er vielleicht krank?
Anne wusste es nicht. Erst, als sie ihm sein Fläsch-
chen gab, beruhigte er sich.
Mittlerweile war sie so angespannt, dass sie hätte
heulen können. Hektisch legte sie ihn in die Wiege,
nachdem er die Flasche gierig mit kräftigen Zügen
geleert hatte. Tim ließ es mit großen Augen über
sich ergehen und schaute sein Sonne-, Mond-, und
Sterne-Mobile an, welches über seinem Kopf hing.
Anne setzte sich auf die Couch und hing ihren Gedanken nach.

Die Weihnachtstage waren vorüber. Anne hatte
ihre Wohnung für diese Zeit kaum dekoriert. Hätte
Justus nicht einen Weihnachtsbaum gekauft und
geschmückt, wären die Feiertage zu Hause in der
alltäglichen Ungemütlichkeit an ihnen vorüber gezogen.
Natürlich hatten sie mit Justus´ Familie gefeiert

und zwar so, wie es sich gehörte, mit Kirchgang und üppigem Essen. Es gab auch genügend Geschenke. So wurde Tim von Marie doch noch mit neuer Babykleidung beschenkt. Die Sachen wollte sie ja eigentlich mit Anne schon vor einiger Zeit besorgen, doch Anne stellte sich krank, sodass das Treffen nicht zustande kam. Nun musste sie Justus hoch und heilig versprechen, dass sie Maries Geschenk annehmen würde. Er hatte sie am Abend zuvor, als sie sich nach ihrem Streit im Badezimmer ausweinte, noch sehr liebevoll getröstet. Ihr schlechtes Gewissen lastete so sehr auf ihr, dass sie ihn nicht enttäuschen wollte und zusagte.

Allgemein fiel es ihr schwer, sich mit dem Weihnachtsfest zu verbinden. Damals bei ihren Eltern gab es immer nur Streit und Disharmonie. Sie empfand alles nur als verlogenes Gehabe. Wie sollte es ihr dabei noch möglich sein, an diesem Tag Glück und Liebe zu empfinden. Ihre Eltern gaben sich überhaupt keine Mühe mehr. Ach ja, und das liebe Geld! Aber auch kleine Aufmerksamkeiten hätten vollauf gereicht.

Aber Marie hatte sie ja nun eingeladen und schließlich rang Anne sich durch, für jeden ein kleines Geschenk zu besorgen. Das Haus war wunderschön geschmückt und sehr behaglich. Justus´ Vater war auch sehr nett, allzu oft sah sie ihn ja nicht. Justus´ Schwester Larissa, die drei Jahre jünger war als er, kümmerte sich rührend um Tim. Sie war ein so lustiges, aufgeschlossenes Mädchen und brachte eine natürliche Heiterkeit in die Familie. „Eigentlich war das Fest doch recht schön und gelungen", dachte Anne später.

Annes Blick fiel wieder auf ihren Tannenbaum, dann auf Tim, dabei spürte sie, dass sie sich für ihre kleine Familie mehr Mühe geben musste. Theoretisch wusste sie das, aber es fühlte sich wie eine innere Lähmung an, verbunden mit wirren Gefühlen. Sie sehnte sich danach, glücklich zu sein oder zumindest zufrieden, doch in ihrem tiefsten Innern war eine unglaubliche Schwere, die bestenfalls durch kurze Phasen inneren Ausgleichs gemildert wurde.

Der Ausraster

Anne stellte den Fernseher an und wollte sich ablenken. Sie starrte auf den Bildschirm, konnte jedoch nichts von den Programminhalten aufnehmen. Ihre Gedanken gingen hin und her mit der Frage, wie sie diesen langen Tag allein mit Tim bewältigen und ausfüllen sollte. Ihr wollte einfach nichts einfallen.

Wütend zappte sie sich durch die Fernsehprogramme, hier eine Nachrichtensprecherin, im nächsten Kanal blödes Rumgeballer und beinahe überall Werbung. Zum Kotzen das ganze! Schließlich schaltete sie den Fernseher wieder ab, ging zur Stereoanlage, um über Kopfhörer ihre Lieblingsmusik zu hören. „So richtig laut", dachte sie.

Doch unvermittelt begann Tim wieder mit dem Plärren.

Wütend warf Anne den Kopfhörer in die Ecke, nahm Tim hoch und schüttelte ihn heftig. „Kannst du mich nicht einmal in Ruhe lassen?", schrie sie außer sich vor Zorn.

Tim, zutiefst erschrocken, brüllte mittlerweile so laut und hysterisch, dass ihre Nerven zu zerreißen drohten. Er zappelte so sehr in ihren Händen, dass er beinahe auf den Boden fiel. Sie schaffte es gerade noch, ihn über die Wiege zu halten, in die er stürzte, als er ihr entglitt. Mit feuerrotem Kopf lag er verdreht und schreiend da.

Anne stürzte völlig aufgelöst aus der Wohnung. Tims Geschrei dröhnte bohrend in ihren Ohren. Sie musste nur weg, sonst würde sie in ihrer Wut und Hilflosigkeit Dinge anstellen, die nicht wieder gut zu machen wären.

Unten an der Haustür angelangt, rannte sie nach rechts und stieß tränenüberströmt fast mit einem Nachbarn zusammen, der gerade seinen Hund anleinen wollte. Ratlos schaute er der davonlaufenden Frau hinterher.

Sie rannte und rannte, bis sie vollkommen aus der Puste war. Erschöpft und nach Luft ringend blieb sie stehen. Wäre doch Sina hier!

Noch während sie sich langsam wieder beruhigte, fiel ihr blitzartig ein, dass Tim jetzt ganz allein in der Wohnung lag! Die nun aufsteigende Angst um ihn machte sie nahezu wahnsinnig.

Sofort kehrte sie um und rannte wieder zurück. Anne musste kurze Pausen einlegen, in denen sie nur schnell gehen konnte, so wild klopfte ihr Herz.

Als sie den Haustürschlüssel ins Schloss stecken wollte, zitterten ihre Hände so stark, dass es eine Weile dauerte, bis sie endlich aufschließen konnte. Oben an der Wohnungstür geschah das Gleiche. Sie war kaum fähig, ihre Hände zu kontrollieren. Schließlich gelang es ihr und sie stürzte in die Wohnung.

Tim lag völlig aufgelöst da. Seine Augen waren rot umrandet. Er wimmerte leise vor sich hin und lutschte an seinem Daumen. Dies tat er mit einer solchen Inbrunst, dass es Anne ins Herz schnitt.

Sie nahm ihn auf den Arm. Ihr Herz klopfte immer noch heftig, und ihre Atmung hatte sich auch noch nicht beruhigt. Mit schnellen, aufgeregten Bewegungen wog sie Tim hin und her und überlegte hektisch, was sie tun sollte.

Auf dem Wohnzimmertisch stand noch seine Tee-flasche. Diese war sicherlich schon kalt, aber sie versuchte sie in seinen Mund zu stecken, um ihn abzulenken. Tim jedoch wehrte sich dagegen mit lautem Weinen und Strampeln.

Anne drückte ihn fest an sich. Sie hatte keine Ah-nung, wie sie ihn beruhigen sollte.

Mittlerweile fühlte sie gar nichts mehr und wartete nur noch ab. Sollte er schreien oder auch nicht! Sie konnte ihm ohnehin nur hilflos zusehen.

Leise fing sie an zu summen, irgendeine Melodie. Sie wusste nicht, welche es war, aber sie beruhigte beide, Mutter und Sohn. Beide waren am Rande ihrer Kräfte. Anne starrte vor sich hin und Tim schlief endlich leise schniefend ein.

Justus kam früher als sonst nach Hause. Es gab auf der Arbeit nicht viel zu tun, so dass er seine Über-stunden „abfeiern" konnte. Gut gelaunt öffnete er die Wohnungstür, trat ein und wunderte sich über die Stille in der Wohnung.

Anne war sicherlich noch mit Sina unterwegs. Heute war ja Dienstag, fiel ihm plötzlich ein.

Er zog seine Schuhe aus, hängte seine Jacke an die Garderobe und überlegte währenddessen, wie er seine verdiente freie Zeit verbringen wollte.

Hungrig ging er vom Flur in die Küche, machte sich ein paar Brote und schüttete sich ein großes Glas Apfelsaft ein. Pfeifend ging er mit seiner Mahlzeit ins Wohnzimmer.

Völlig überrascht sah er Anne und Tim auf der Wohnzimmercouch liegend. Anne war blass und verweint, und Tim lag neben ihr. Er schlief tief und fest. Irgendetwas stimmte hier nicht. Justus bekam ein beklemmendes Gefühl im Magen.

So hatte er Anne noch nie gesehen. Betreten stand er immer noch mit seinen Sachen in der Hand mitten im Wohnzimmer.

Die Dioden der Stereoanlage leuchteten noch, aber es war keine Musik zu hören. Der Tisch war etwas verrückt, und Tims Teeflasche lag umgefallen darauf. Ein wenig Flüssigkeit war ausgetreten.

Justus stellte das Brettchen, auf dem die Brote lagen und seinen Saft auf den Tisch.

Absolute Stille! Selbst die Straßengeräusche nahm er nicht mehr wahr. Er wagte kaum, Anne anzusprechen und als er es tat, ging er extrem behutsam vor, setzte sich neben sie und berührte vorsichtig ihren Arm.

„Was ist passiert, Anne?", fragte er nervös.

Bevor er diese Frage stellte, hatte er sich Tim ausgiebig angeschaut. Er konnte nichts besorgniserregendes an ihm entdecken. Erleichterung machte sich bei ihm breit.

Er hatte in letzter Zeit sehr deutlich gespürt, dass die Dinge hier zu Hause nicht ganz „normal" verliefen. Er kam oft müde nach Hause und wollte endlich abschalten, so dass er die oft bedrückte Atmosphäre ausblendete.

Anne schien ihn nicht gehört zu haben.

Durstig trank Justus sein Glas leer, während weitere Gedanken auf ihn einstürzten. Er musste sich eingestehen, dass er Probleme sehr gern verdrängte, doch letztendlich war es nicht verwunderlich, dass es sich so entwickelte.

Anne bewegte sich endlich. „Wir werden Tim abgeben müssen, er soll zu einer Mutter, die gut mit ihm umgeht!", sagte sie.

Ihre Stimme klang überraschend stark und fest.

Justus war wie vom Donner gerührt. Damit hatte er nun wirklich nicht gerechnet.

„Wie bitte?", fragte er ungläubig, rieb sich aufgeregt die Hände und fing stark an zu schwitzen.

Anne sah ihn jetzt an, ihr Blick wirkte leer und resigniert. Sie bewegte ihre Beine wie in Zeitlupe hin und her und sprach erst nach einem tiefen Atemzug weiter.

„Ich hätte Tim beinahe verprügelt, ich war so wütend und haltlos und…!", presste sie hervor.

Sie stockte, wie konnte jemand ihre Beweggründe verstehen, sie waren so lächerlich, nicht nachvollziehbar und nichtig. Sie wollte nicht weiter darüber reden. Ihr Entschluss stand fest. Sie würde ihn abgeben, um ihn vor sich selbst zu schützen.

Justus strich sich mit den Händen durchs Haar und ließ sie dann vor seinem Gesicht liegen, als könnte er sich so vor dieser bevorstehenden Katastrophe schützen.

„Das kann nicht dein Ernst sein. Wir können über alles reden. Es gibt nichts, was sich nicht lösen lässt. Außerdem habe ich da noch ein Wörtchen mitzureden!", stieß Justus heftig hinter seinen Händen hervor.

„Was ist denn überhaupt vorgefallen? Du musst es mir erzählen, Anne. Wie soll ich dich sonst verstehen! Hast du Tim geschlagen? Anne antworte endlich!", rief er mit erhöhter Anspannung.

Er stand auf, lief unruhig durch das Wohnzimmer,

redete laut auf Anne ein, besann sich dann aber auf Tim, der immer noch fest schlief. Justus nahm ihn vorsichtig hoch und brachte ihn ins Schlafzimmer.

Er hatte Glück, Tim erwachte nicht.

Justus, gereizt und genervt von den Geräuschen der Straße und den spielenden Kindern vor dem Haus, schloss leise das Fenster, bevor er zu Anne zurückkehrte.

Er war immer noch aufgebracht. Sein Blick fiel aus dem Fenster. Wie blind und dumm war er gewesen?

Ein unkontrolliertes Lachen entglitt ihm.

So finster, wie es draußen aussah, fühlte er sich in seinem tiefsten Inneren. Er musste ruhig bleiben und die Dinge klären. Sie würde sich wieder sammeln und ihre Meinung ändern, dachte Justus hoffnungsvoll.

Anne saß immer noch da und hatte ihn die ganze Zeit beobachtet. Sie war müde und ausgelaugt, gab keine Antwort auf Justus' Ausbruch.

„Gut!", sagte er so ruhig wie möglich. „...ich kann und will deine Aussage nicht ernst nehmen...und deine Verstocktheit trägt nicht gerade dazu bei, Lösungswege für unsere Probleme zu finden", sagte er nicht ohne Vorwurf und lief dabei hin und her.

„Ich hoffe, dir wird es in ein, zwei Stunden besser gehen, so dass wir miteinander wie zwei Erwachsene reden können. Ich halte es hier im Moment nicht mehr aus, ich denke, ich werde an die frische Luft gehen!", presste er schnell heraus und war auch schon auf dem Weg seine Jacke zu holen, als er plötzlich Annes eisige Stimme hörte. „Nimm Tim mit!", befahl sie.

Sie war nun auch aufgestanden und stand hinter ihm. Justus hatte sie gar nicht wahrgenommen.

„Er schläft tief und fest, Anne!", antwortete er fassungslos.

„Dann bleib du hier und ich werde gehen!", wimmerte sie nun wieder mit Tränen in den Augen. Erneut rannte sie aus der Wohnung.

Justus sieht klar

Justus wollte sie nicht zurückhalten. Warum auch? Er brauchte selbst Ruhe, und sie war in einem Zustand, in dem er im Moment ohnehin nichts erreichen konnte. Außerdem schien ihm diese Variante, dass Anne gegangen war, doch sinnvoller. So hatte er Aufsicht über seinen Sohn.

Schnell ging er zur Schlafzimmertür und öffnete sie leise. Er musste sich vergewissern, dass es Tim gut ging. Er schlief auf dem Rücken, sein kleines Gesicht zuckte manchmal im Schlaf, ansonsten war ihm nichts anzumerken.

Trotz seines Gemütszustandes verspürte Justus jetzt ein starkes Hungergefühl, er hatte fast den ganzen Tag nichts gegessen. Leise verließ er wieder das Zimmer. Justus aß seine Brote, nur um sein Hungergefühl zu stillen. Danach ging er in die Küche, um die benutzten Sachen wegzuräumen. Sein Blick fiel durch den Raum, und er sah ein großes Durcheinander, so wie es zuletzt eigentlich immer gewesen war. Aber jetzt sah er es mit klarem Blick. Es war für ihn eine Bestätigung, wie schlecht Anne mit allem fertig wurde und er fragte sich, nachdem er die zahlreichen Vorräte angeschaut hatte, ob sie überhaupt irgendwie organisiert war.

„Nun, dann werde ich das jetzt auch noch übernehmen müssen, wenn es sein muss", dachte er und wollte auch schon damit beginnen, als er Tim im Schlafzimmer brabbeln hörte. Schnell holte er ihn aus seiner Wiege. Leicht verstört ließ er sich auf den Arm nehmen. Sein Gesichtsausdruck war dem Weinen nahe, aber er beruhigte sich schnell. Justus traten Tränen in die Augen, niemals würde er seinen Sohn abgeben. NIEMALS!!!

Die Aussprache

Anne wusste nicht wohin. Sie war immer noch sehr aufgewühlt. Die frische Luft tat ihr gut. Sie wollte ihre Gedanken ordnen und allein sein.

Es war später Nachmittag. Sie wählte einen Weg, der sie in die Ruhe und Abgeschiedenheit führte, abseits der Straßen und Menschen. Sie atmete tief durch, betrachtete die Bäume und den Himmel. Sie ließ alles auf sich einwirken, spürte, wie der Druck in ihr abfiel, als wäre alles nur ein böser Traum gewesen.

Was auch immer mit ihr los war, sie brauchte Hilfe. Immer wieder hatte sie versucht, allein zurecht zu kommen, die Tatsachen heruntergespielt, als wäre alles in Ordnung. Nichts war in Ordnung, sie hatte es immer gespürt. Tag und Nacht empfand sie eine Schwere, die nicht zu beschreiben war, die nicht von ihr weichen wollte.

Warum hatte sie sich nicht schon längst Justus anvertraut? Oder Sina?

Sina hatte sie schon vorsichtig auf ihr Verhalten angesprochen, damals auf dem Ausflug mit Arne und Tim.

Anne war nahe dran gewesen, sich ihr gegenüber zu öffnen. Doch dann war der richtige Zeitpunkt verstrichen und sie hatte nicht mehr den Mut dazu gehabt. Ja, und Justus? Ihm war sie mit ihrem Herzen nicht mehr nahe, war oft ungerecht zu ihm und wütend. Dieses Verhalten musste ihn natürlich von ihr wegtreiben, so dass letztendlich nur noch die Alltagsroutine stattfand.

Sie wünschte sich nichts mehr, als ihrer kleinen Familie Liebe und Geborgenheit zu geben. Eine glückliche Familie zu sein, nicht so wie damals bei ihr zu Hause. Sie hatte sich fest vorgenommen, alles anders zu machen. Ein besseres Leben! Pustekuchen! Sie war dabei alles zu zerstören.

So konnte es jedenfalls nicht weiter gehen. Wütend trat sie gegen einen großen Ast, der mitten im Weg lag.

Anne machte kehrt, bereit mit Justus zu reden.

Justus sah auf die Uhr, als er den Wohnungstürschlüssel hörte, war heilfroh, dass Anne schon nach einer Stunde wieder zurückkehrte. Er hatte mit dem Schlimmsten gerechnet und musste sich eingestehen, Anne überhaupt nicht richtig einschätzen zu können. So hatte sie sich noch nie aufgeführt.

Inzwischen war er aufgestanden und lief nervös im Wohnzimmer herum, rieb sich dabei die Hände, war gespannt, wie es mit Anne weitergehen würde. Er nahm sich vor, so ruhig wie möglich zu bleiben. Eine enorme Anspannung aber stand ihm geradezu ins Gesicht geschrieben.

Tim war versorgt. Auf dem Boden fühlte er sich im Spiel immer sehr wohl, es gab für ihn ständig etwas zu entdecken. Die Krabbeldecke war längst ein Zierstück des Wohnzimmers geworden, so rollte und robbte sich Tim von einer Stelle zur anderen. Sein Blick war aufmerksam auf eine große Holzkugel gerichtet, so dass er seine Mutter gar nicht bemerkte.

Justus sah Annes Veränderung. Sie hatte sich beruhigt, und er konnte auf ein Gespräch mit ihr hoffen.

Annes Gesicht war von der Kälte gerötet. Ihr Blick schien schon wieder etwas zuversichtlicher.

Trotz ihres abhanden gekommenen Lächelns in den letzten Monaten fand Justus sie trotz Allem bezaubernd hübsch. Er bemerkte deutlicher als zuvor, dass sie ihr Haar jetzt wieder etwas länger trug. Dunkelbraun und glatt umrahmte es ihr schmales Gesicht und ihre braunen Augen konnten wahrlich funkeln. Wann hatte er es zuletzt so gesehen? Er liebte ihre Figur, ihren Körper. So wie sie jetzt vor ihm stand, wollte er sie nur noch in die Arme schließen.

Justus näherte sich ihr langsam und unentschlossen mit der Befürchtung, zurückgewiesen zu werden. Annes Blick war für ihn nur schwer zu deuten.

Unerwartet fiel sie ihm in die Arme und schluchzte und weinte. Sie vergrub ihren Kopf an seiner Schulter und klammerte sich an ihn. Es brach alles aus ihr heraus, ihr seit langem aufgestauter innerer Schmerz, der in letzter Zeit kaum noch zu ertragen war.

Es tat ihr gut, unbeschreiblich gut! Als würden sich sämtliche Knoten in ihrem Körper auflösen. Sie spürte einen leisen Anflug der Bereitschaft, sich selbst anzuschauen und Hilfe anzunehmen. Nach einer Weile ging es ihr besser. Die Tränen versiegten langsam.

Justus hatte sie gehalten, fest an sich gedrückt und sie nicht ungeschickt mit Worten bedrängt. Er nahm ihre Hand und führte sie zur Couch.

Tim war ganz leise im Spiel versunken, als würde er die gespannte Atmosphäre spüren.

„Ich werde uns etwas zu trinken holen", sagte Justus leise.

Er lief in die Küche und füllte zwei Gläser mit kühlem Saft, durchsuchte die Schränke nach etwas Süßem. Das konnten sie nun für ihre Nerven gut gebrauchen.

Im unteren Küchenfach wurde er fündig, stellte alles auf ein Tablett, um dann schnell ins Wohnzimmer zurückzukehren.

Wohlwollend lächelte er Anne an, um die aufgeladene Stimmung etwas zu entspannen. Doch eigentlich war ihm gar nicht danach zumute. In ihm steckte noch zu sehr der Schock über ihre Aussage, Tim abgeben zu wollen.

Justus stellte die Gläser auf den Tisch, rückte all den anderen Kram, der dort lag, zur Seite und fand schließlich auch Platz für die Schüssel mit den Süßigkeiten. Er griff auch direkt zu, öffnete die Verpackung eines Schokoriegels, biss hinein und kaute bedächtig. Er dachte darüber nach, dass die Situation für ihn sehr verzwickt war, was Tim betraf. Sicherlich war er der Vater, jedoch waren sie nicht verheiratet. Dies könnte ihn bei möglichen juristischen Entscheidungen, die seinen Sohn betrafen, eventuell benachteiligen und vielleicht ausschließen.

„Soweit darf es nicht kommen", beschloss er und versuchte neuen Mut zu fassen.

„Also", sagte Justus. „Lass uns noch einmal ganz

von vorne beginnen, Anne. Ich möchte alles genau nachvollziehen können. Wir haben genügend Zeit!"

Er sah auf die Uhr und wunderte sich, wie spät es schon geworden war, kurz vor halb neun. Mit gerunzelter Stirn wägte er sein weiteres Vorgehen ab: „Ich werde mich erst einmal um Tim kümmern und ihn schlafen legen. Das wird sicher noch eine Weile dauern, Anne. Vielleicht möchtest du während dessen ein wenig die Augen zu machen und dich ausruhen", schlug er ihr sehr fürsorglich vor und wartete nicht auf ihre Antwort.

Er stand auf, um Tim auf den Arm zu nehmen. Dieser war zum Glück schon vorher gefüttert und gewickelt worden, sodass dem Schlafengehen nichts im Wege stand.

Justus legte ihn behutsam und mit leiser Stimme ins Bett, zog das Rollo herunter und betete, er möge doch bitte nicht weinen und schnell einschlafen.

Die abendliche Dunkelheit und Stille war eingetreten. Er strich Tim solange über den Kopf, bis er sanft einschlief, küsste ihn auf die Stirn und wünschte ihm eine gute Nacht.

Bald darauf schlich er sich extrem verspannt und übervorsichtig aus dem Zimmer. Allzu groß war die Befürchtung, doch noch etwas Protest von ihm zu hören. Doch zum Glück blieb es ruhig.

Anne schien genauso erleichtert zu sein wie Justus, denn oft gestaltete sich das Zu-Bett-bringen des Kleinen als eine Herausforderung von Zeit und Geduld.

Justus ließ sich in den Sessel fallen und legte die Beine auf den Tisch. Er war jetzt völlig ausgepumpt. Er schloss die Augen und wusste nicht so recht, wie es jetzt weitergehen sollte, hoffte aber auf Annes Mitarbeit.

„Ich war so zornig auf Tim und das war nicht das erste Mal. Ich fühle mich immer so...", sie suchte das richtige Wort: „...so aggressiv, wenn er anfängt, so laut zu schreien. Diese Lautstärke! Sie löst irgendetwas in mir aus, was ich nicht beschreiben kann", versuchte Anne leise zu erklären.

Justus nahm sein Glas in die Hand und drehte es, während er überlegte.

„Was ist denn heute geschehen? Du warst vollkommen aufgelöst, als ich nach Hause kam", sprach er, um endlich eine Erklärung für ihr ungewohntes Verhalten zu bekommen.

Anne rutschte auf der Couch hin und her und rieb ihre Hände über ihre Schenkel. Sie konnte damit einfach nicht aufhören, während sie immer wieder den Kopf schüttelte. Jetzt konnte sie ihre aggressive und unangemessene Handlungsweise Tim gegenüber selbst nicht mehr nachvollziehen.

„Ich habe mich so auf mein Treffen mit Sina gefreut. Heute ist doch Dienstag! Du weißt doch, ich bin so gerne mit ihr zusammen", erzählte sie entschuldigend.

„Sina rief heute morgen an und sagte mir aus Krankheitsgründen ab. Ich war so enttäuscht. Der Tag lag nun wieder lang und endlos vor mir, wie eigentlich jeder Tag. Tim war die ganze Zeit quengelig, jammerte und weinte, obwohl er mit allem versorgt war!", erzählte sie weiter und legte ihre

Hände hinter den Kopf.

„Ich brauchte Zeit für mich, wollte mich ablenken und über Kopfhörer Musik hören. Dann ist es geschehen. Ich sah nur sein verheultes Gesicht und dann habe ich die Nerven verloren", sagte sie schuldbewusst.

„Was hast du dann gemacht?", fragte Justus, der konzentriert zugehört hatte.

Anne überlegte, ob sie das, was sie getan hatte, etwas abmildern sollte. Was sollte Justus nur von ihr denken? Sie entschied sich, bei der Wahrheit zu bleiben.

„Ich riss Tim hoch und habe ihn geschüttelt und dabei fürchterlich angeschrien, habe ihn beinahe fallen lassen, weil er sich in meinen Händen so gewunden hatte..."

Anne spielte die Situation wild gestikulierend mit ihren Händen nach.

„Natürlich wurde dadurch alles noch viel schlimmer, er schrie noch hysterischer als zuvor", sagte sie einsichtig.

„Dann bin ich aus der Wohnung gerannt, Justus, das ist doch alles nicht normal, oder?", stieß sie nun bestürzt schon etwas lauter hervor.

Anne hatte nun wieder Tränen in den Augen und griff zu ihren Taschentüchern, welche sich noch auf der Couch befanden.

„Seit Tims Geburt habe ich keine Nähe zu ihm gefunden!"

Sie schnaufte ins Taschentuch und steckte es in die Hosentasche.

„Du bist immer so liebevoll mit Tim, und auch Sina hat diese Engelsgeduld. Ich kann das nicht und möchte es aber!", sagte sie mit viel neidvollem Ausdruck.

Ihre Hände lagen jetzt ruhig auf ihren Beinen, sie hatte sie krampfhaft ineinander verschränkt.

„Ich finde nicht, dass du so schlecht mit Tim umgehst...", versuchte Justus sie zu trösten.

Anne unterbrach ihn forsch: „Sieh dir Tims Reaktionen an, wenn du nach Hause kommst! Bei mir scheint er immer unglücklich zu sein! Ständig wünsche ich mir eine gute Mutter zu sein. Stattdessen schleichen sich permanent Schuldgefühle bei mir ein! Ich halte das nicht mehr aus!"

Justus musste sich eingestehen, dass Anne wirklich vollkommen überreagiert hatte. Wie konnte sie Tim nur so behandeln? Er war in großer Besorgnis. Hoffentlich hatte Tim keine körperlichen Schäden davon getragen. Seine kleine Seele hatte es sicherlich.

Der banale Anlass für diese Überreaktion ärgerte Justus am meisten. Doch es hätte noch viel schlimmer kommen können, versuchte er sich zu beruhigen. Er würde Anne auf keinen Fall Vorwürfe machen, dies würde diesen Wahnsinn nur noch unnötig verschlimmern.

Justus atmete tief durch, legte die Beine übereinander und rang um eine ruhigere Verfassung.

Er musste sich eingestehen, dass die Beziehung zwischen Anne und Tim gestört war. Wie konnte er nur so blind sein, so wenig erkennen, was wirklich um ihn herum passierte? Er kam nicht umhin, sein eigenes Verhalten zu prüfen, musste feststellen, dass er es nicht wahr haben wollte. Nun nagten auch an ihm Schuldgefühle. Vielleicht hätte er

Tim einiges ersparen können.

Justus rieb sich müde die Augen, während er sprach: „Anne, es wird sich doch für alles eine Lösung finden, aber dass du Tim abgeben willst, kann doch nicht dein Ernst gewesen sein, oder?", fragte er vorsichtig.

Diese Aussage von Anne lag ihm wie ein Stein auf dem Herzen.

Sie sah ihn lange an und erhöhte damit noch einmal seine Anspannung, bevor sie sprach: „Findest du mein Verhalten von heute etwa in Ordnung?"

Justus war im Zwiespalt und wendete seinen Blick zum Boden. Einerseits musste er die Ehrlichkeit aufbringen, ihr die Wahrheit zu sagen, andererseits war er geneigt, die Dinge herunter zu spielen. Zuviel hing jetzt davon ab.

Anne hatte ihn die ganze Zeit intensiv beobachtet. Die Antwort stand Justus im Gesicht geschrieben. Sie konnte seinen innerlichen Konflikt erkennen und nachvollziehen.

Als Justus nun etwas unentschlossen den Blickkontakt wieder aufnahm, brauchte er nicht mehr viel zu sagen. Sie hatte ihn bereits durchschaut. Sie erkannte die dringende Notwendigkeit, etwas tun zu müssen.

„Anne, bitte bleib mit Tim bei mir! Wir werden gemeinsam einen Weg finden, dass es dir und Tim in Zukunft besser gehen wird", bat er und versuchte seiner Stimme Kraft und Stärke zu verleihen.

Ratlos !

Marie Keller, Justus´ Mutter, schüttelte den Kopf immer wieder im gleichem Rhythmus hin und her. Ihre Hand lag dabei auf der Stirn, als hätte sie Kopfschmerzen.

Justus saß ihr auf der großen Couch im Wohnzimmer, die sehr pompös wirkte, da sie aus rustikalem Holz gefertigt war, gegenüber. Normalerweise hätte er die Gemütlichkeit der weichen Kissen vollends ausgekostet, aber diesmal war es eine reine Sitzgelegenheit, auf der er gerade und angespannt saß.

Sein grauer Pullover verstärkte seine ohnehin schon blasse Gesichtsfarbe.

„Ich habe dir schon immer gesagt, dass du mit Anne in Schwierigkeiten gerätst", murmelte Marie seufzend.

Justus´ Gesichtsfarbe schlug um und zeigte nun mit leichter Rötung seine Aufregung, als er genervt antwortete: „Meinst du, das hilft uns jetzt weiter? Ich bin bestimmt nicht gekommen um mir das anzuhören!"

Wütend stand Justus auf und ging zum Fenster. Er starrte auf den Garten, den seine Mutter liebevoll bearbeitet hatte. Aber die Schönheit der Winterlandschaft nahm er nicht wahr. Die Scheibe des Fensters war glasklar, nicht so wie bei ihm zu Hause. Er hatte sich schon oft gewünscht, dass Anne den Haushalt mehr pflegte. Aber jetzt schien es ihm vollends egal, denn nun musste er Angst um seinen Sohn haben, da war alles andere nichtig.

Diese Angst hatte ihn auch zu seiner Mutter getrieben, es war ihm wahrhaft nicht leicht gefallen.

Anne hatte vorerst eingewilligt, Tim nicht in eine Pflegefamilie zu geben.

Seit Annes Zusammenbruch war eine Woche vergangen, und in dieser Zeit entwickelte Justus sich zu einem reinen Nervenbündel. Er musste mit jemanden reden, warum nicht mit seiner Mutter? Anne würde es ja nicht erfahren müssen.

Seinen Arbeitskollegen war auch schon aufgefallen, dass irgendetwas mit ihm nicht stimmte. Für gewöhnlich war er oft über seinen Feierabend hinaus in der Schreinerei freudig engagiert. Nun war er selbst bei wichtigen Aufträgen kaum noch bereit, Überstunden zu leisten und verschwand überpünklich von seinem Arbeitsplatz. So konnte das nicht weitergehen.

„Anne muss zu einer Psychologin, oder ihr müsst zu einer Familienberatungsstelle!" schlug Marie hoffnungsvoll vor.

„Du hast doch gesagt, dass Anne bereit ist, sich helfen zu lassen, oder?"

Sie zog ihre Augenbrauen nach oben und ihr Gesicht zeigte einen doch skeptischen Ausdruck.

„Ja, ja, aber bis jetzt hat sie noch keine Anzeichen gezeigt, von selbst die Dinge in Angriff zu nehmen", gestand er enttäuscht.

Justus setzte sich wieder zurück auf die Couch und nippte an seiner zweiten Tasse Kaffee, die seine Mutter ihm zwischenzeitlich eingeschenkt hatte.

„Dann musst du sie eben immer wieder darauf ansprechen! Hat sie nicht eine Freundin? Wie heißt sie noch? Silla oder so ähnlich?", versuchte Marie den Namen zusammen zu reimen.

„Sie heißt Sina! Sie ist Annes großes Vorbild. In ihrer Gegenwart zeigt Anne sich nur von ihrer besten Seite. Du musst dir mal die Telefonate der beiden anhören. Da ist Anne ein ganz anderer Mensch. Gutgelaunt und fröhlich. Aber sobald sie auflegt, nimmt ihr Gesicht einen traurigen Ausdruck an", erhitzte sich Justus.

Nun saßen beide ratlos da und schauten vor sich hin.

Mit einem Mal sprang die Wohnzimmertür auf und Larissa, Justus´ kleine Schwester, stand mit ihrer ganzen Frohnatur im Türrahmen.

„Was ist denn hier los? Ist jemand gestorben oder was?", fragte sie unverblümt und neugierig.

Sie sah ihrer Mutter unheimlich ähnlich. Ihr Kurzhaarschnitt sah sehr pfiffig aus und stand ihr sehr gut. Larissa war ein lebendiges Mädchen mit einer großen Schnute, die ihr bisher immer durch das Leben geholfen hatte. Dazu war sie auch noch sehr schlau, hatte ihr Abitur in der Tasche und befand sich gerade zu Besuch zu Hause. Zur Zeit absolvierte sie ein „Freiwilliges Soziales Jahr" in Hamburg. Dort arbeitete sie in der Landwirtschaft. Für die Gemeinschaftsarbeit war sie wie geschaffen, konnte gut diskutieren und mit anpacken.

Manchmal war Justus richtig neidisch auf sie, da er immer der ruhigere, vorsichtigere Typ von beiden war. Trotz allem war er der große Bruder und Larissa hatte es ihm mit ihrer Art immer leicht gemacht, sie gern zu haben. So stand er überrascht auf, umarmte sie und begrüßte sie herzlich.

„Alles in Butter und bei dir?", fragte Justus und überspielte damit die zuvor ernste Stimmung.

„Bleibst du noch zum Essen, Justus?", erkundigte sich seine Mutter noch leicht durcheinander.

„Nein danke, ich habe Anne versprochen, gleich mir ihr zu essen. Aber gern ein anderes Mal. Du bleibst doch noch ein paar Tage, oder?", wandte er sich noch einmal Larissa zu.

„Ich werde mich erst einmal hier richtig ausruhen und bedienen lassen, nicht wahr, Muttchen?"

Während sie das sagte, strahlte sie ihre Mutter schelmig an. Larissa genoss stets das regelmäßige Verwöhnprogramm zu Hause. Hier konnte sie mal wieder ausschlafen, spät frühstücken und sinnlos durch das Fernsehprogramm zappen.

Wie geht es weiter?

Anne wartete schon auf Justus. Mittlerweile wurde es dunkel. „Sonst kommt er doch immer pünktlich", dachte Anne. Sie wollte gerade die Telefonnummer von Justus´ Arbeitsstelle wählen, als sie seinen Schlüssel im Türschloss hörte.

Die Tür öffnete sich langsam. Justus zog seine Stiefel aus und stellte sie in den Schuhschrank. Seine Wangen waren von der Kälte gerötet. Hungrig trat er in die Küche.

Dort sah er auch Tim, der sich flink durch die Küche bewegte. Zwischendurch schaffte es Tim, den Bauch in die Höhe zu halten. Bald schon würde er krabbeln können.

Justus schaute auf den Boden und sah zu seinem Ärger, dass Anne wieder mal nicht gefegt hatte.

Tims Latzhose war mit Krümeln bedeckt und auch seine feuchten Finger waren schmutzig. Das schien ihm nichts auszumachen, denn er kam fröhlich auf Justus zugerobbt.

„Hallo, mein Kleiner!", begrüßte er seinen Sohn und ging dabei in die Hocke. Von dort aus sah er Anne an, die sich hektisch um die Nudeln kümmerte und ihn bis jetzt noch nicht angesehen hatte.

Er hätte sich schon über eine köstliche Mahlzeit bei seiner Mutter gefreut, hier gab es entschieden zu oft Nudeln mit einer Fertigsoße. Er wusste gar nicht, wie es Anne immer schaffte, aus der Küche so ein Schlachtfeld zu machen.

„Ich habe noch kurz meine Mutter besucht. Larissa

ist aus Hamburg zu Besuch", berichtete Justus und nahm Tim auf den Arm.

„Schön", antwortete Anne kurz. „Nimmst du die Soße mit ins Wohnzimmer? Dann können wir essen", bat sie ihn schon etwas netter.

Justus brachte zuerst Tim in seinen Hochstuhl. Eilig holte er die Soße und setzte sich hungrig an den Tisch.

„Sina fährt morgen für einen Monat zu Rainers Eltern nach Frankfurt", erwähnte Anne leise, während sie sich mit an den Tisch setzte. Lustlos legte sie ein paar Nudeln auf ihren Teller und nahm etwas Soße dazu.

Tim schlug währenddessen mit seinem Spielzeug auf dem Tisch herum und jauchzte fröhlich über die Geräusche, die er dabei zustande brachte.

Anne schien das nicht zu stören. Sie wirkte abwesend, als Justus sie nach der Soße fragte.

„Jetzt ist vielleicht der richtige Zeitpunkt", dachte Justus.

„Anne, du hättest während Sinas Abwesenheit die Möglichkeit, dich an eine Familienberatungsstelle zu wenden. Ich gehe natürlich gerne mit", schlug er ihr vorsichtig vor und drehte ungeschickt seine Nudeln so auf die Gabel, dass sie zur Hälfte wieder auf den Teller zurück fielen.

Er war sehr aufgeregt und froh, etwas in der Hand zu haben. Anne hob ihren Blick und sah ihn lange an.

„Ja, vielleicht mache ich das", meinte sie gedankenverloren und aß langsam weiter.

„Wir haben doch darüber gesprochen, Anne! Das ist doch gar nichts Schlimmes! Viele Menschen wenden sich an eine Beratungsstelle, dafür ist sie doch da!", ereiferte er sich schnell.

Er hatte nicht ernsthaft mit einer positiven Reaktion gerechnet und bemühte sich, sie weiter zu ermutigen.

„Ich möchte, dass es dir wieder besser geht, Anne! Du bist nicht glücklich! Lass uns wieder unbeschwerter sein", bat er sie hoffnungsvoll und suchte vergebens ihren Blick.

„Das waren wir doch, oder nicht?"

„Ja, das waren wir..." Anne betonte das Wort „waren" langsam und bedächtig.

Justus hatte Tim inzwischen aus seinem Hochstuhl genommen, da dessen Begeisterung, Krach zu machen, immer größer geworden war. Nun spielte er zufrieden auf dem Boden.

„Wenn ich eine gute Mutter wäre, könnte ich auch glücklicher sein!", bedauerte Anne.

„Du bist eine gute Mutter, Anne! Du liebst doch deinen Sohn und machst dir viele Gedanken um ihn", versuchte Justus sie erneut aufzubauen.

„Wir müssen beide einen Weg finden, der uns dahin führt, dass du weißt, was überhaupt mit dir los ist. Auch dass du manchmal so aggressiv mit ihm umgehst und du keine Nähe zu ihm findest, gehört besprochen. Hierzu muss es doch irgendwo Gründe geben!", sprudelte es aus Justus heraus.

Er hatte seinen Teller geleert und schob ihn heftig in die Mitte des Tisches. Er merkte, dass er nun doch seine Ruhe verloren hatte und atmete tief durch.

„Ich werde es mir überlegen. Und sag bloß nichts den anderen!", forderte Anne ihn mit einem ernsthaften und vehementen Gesichtsausdruck auf. Justus schaffte es kaum, ihr in die Augen zu schauen..., leider war dies ja seiner Mutter gegenüber schon geschehen!

Der innere Konflikt

Anne lief durch den tiefen Schnee. Sie war froh, dass sie ihre hohen Stiefel angezogen hatte, aber leider lag ihr schöner warmer Schal zu Hause in ihrem Schrank. Auf diese Kälte war sie nicht vorbereitet. So hielt sie mit einer Hand den Kragen ihrer Jacke dicht an ihrem Hals zu, damit der Wind nicht so unangenehm durch die Kleidung zog.

Sie lief einen ruhigen Waldweg entlang. Der Neuschnee war noch ganz unberührt und lag wie Puderzucker vor ihr. Die Sonne schien und ihre Strahlen bahnten sich einen Weg durch die Bäume, so dass die Landschaft glitzerte. Anne wollte gar nicht weitergehen, so herrlich war der Anblick. Sie ging allein. Justus war mit Tim auf dem Weg zu seinen Eltern. Heute war Sonntag, der regelmäßige Besuchstag, an dem er zu seiner Familie fuhr.

Anne wollte nicht dabei sein. Nachdem sie Justus erzählt hatte, dass sie Zeit zum Nachdenken benötigte, sah er sie hoffnungsvoll und mit Verständnis an. Schließlich nickte er und war einverstanden.

Anne schlurfte langsam durch den Schnee, sah zu, wie ihre Füße den Schnee zur Seite räumten. Immer wieder aufs Neue im gleichen Takt. Sie dachte über ihr bisheriges Leben nach. Der Schnee fühlte sich so leicht an. In ihrem Leben schienen an ihren Füßen Ketten zu hängen.

Gerade jetzt, da Sina auf Reisen war, musste Anne sich vermehrt mit sich selbst beschäftigen. Das gefiel ihr überhaupt nicht. „Es vergeht doch jeder

Tag einigermaßen und komme ich etwa nicht zurecht?" Bei diesem Gedanken blickte sie weiterhin auf ihre Füße, die kräftig weiter marschierten. „Hilfe in Anspruch nehmen! Ha! Was soll das schon bringen?" dachte sie weiter und trat mit dem rechten Fuß einen ganzen Klumpen Schnee in die Luft.

Sie hatte doch bis jetzt alles allein bewältigt und mit Justus sogar einen lieben Mann gefunden. „Es ist eben alles so, wie es ist. Tim werde ich nicht weggeben! Ich werde mich ändern", beschloss Anne, drehte sich langsam um und war froh, nun eine Entscheidung getroffen zu haben.

Justus würde sich freuen. Das war ihr größtes Ziel. Sie erhob stolz ihren Kopf und sah in den Himmel, der sich nun etwas zuzog.

„Ich kann alles schaffen, wenn ich will!", sprach sie laut und überzeugt, bevor sie den Heimweg antrat.

Unruhe

„Was ist denn da oben wieder los? Da ist ja nur noch Theater!", entrüstete sich Herr Witek seiner Frau gegenüber.

Er donnerte sein Rätselheft auf den Tisch und sein Kugelschreiber flog unmittelbar hinterher. Dabei war er aufgestanden. Nun lief er im Wohnzimmer auf und ab.

„Sag mal, Martina, das geht doch nicht mit rechten Dingen zu. Kannst du da nicht mal hoch gehen, Martina?", schimpfte er weiter mit seinen Armen rudernd.

Frau Witek befand sich gerade in der Küche und bereitete das Mittagessen vor. Dabei lief das Radio und sie summte leise ein Lied mit. Trotz allem hörte auch sie das Schreien des kleinen Jungen, den sie schon öfter mit seiner Mutter im Hausflur gesehen hatte. Bei der Geräuschkulisse konnte sie ihren Mann nicht hören und war deshalb um so erschrockener, als er wutschnaubend um die Ecke kam und laut rief: „Martina, hörst du mich nicht?"

Schließlich war er es doch gewöhnt, dass sie bei all seinen Anliegen sofort reagierte.

Das Ehepaar Witek wohnte schon sehr lange in diesem Haus, aber seitdem die neuen Mieter oben eingezogen waren, war es mit der Ruhe vorbei.

Frau Witek legte nervös ihr Messer aus der Hand, mit dem sie gerade Kartoffeln geschnitten hatte. Ihr Mann hatte das Herz schon am richtigen Fleck, aber wenn er wütend wurde, musste sie ihn immer schnell beschwichtigen, sonst konnte er sich sehr in seine Wut hinein steigern. Also versuchte sie es auch jetzt mit ihrer Strategie, obwohl sie bei diesen Leuten von oben kein gutes Gefühl hatte.

Sie öffnete das Küchenfenster und stellte die Herdplatte an, bevor sie sich ihrem Mann zuwendete.

„Manfred, unsere Kinder haben doch auch so oft gebrüllt. So ist das nun mal, wenn Kinder im Haus sind", meinte sie beruhigend.

Sie glaubte ihren Worten, wenn sie ehrlich war, selbst nicht. Zu oft waren lautstarke Streitigkeiten zu hören und auch der Kleine weinte viel zu häufig.

Auf der Straße vor dem Haus hatte sie auch schon Herrn Keller mit seinem Sohn gesehen. Den Namen der Familie erfuhr Frau Witek über das Klingelschild, da ihre Begegnungen nur mit einem kurzen Gruß und einem ebenso schnellen Verschwinden stattfanden. „Naja, junge Familien wollen mit der älteren Generation vielleicht nicht viel zu tun haben, die beiden könnten unsere Kinder sein", dachte sie sich.

Herr Witek, der seine Ruhe so sehr liebte, beschwerte sich lautstark weiter: „Du musst da mal hochgehen!", wiederholte er seine Worte. „Sonst melde ich das den Behörden!", rief er noch erzürnt, während er die Küche verließ - natürlich nicht ohne vorher zu fragen, wann denn das Essen fertig sei.

Frau Witek wusste nicht so recht, wie das weitergehen sollte. Vielleicht sollte sie doch aufgrund des unguten Gefühls bei der Familie klingeln und einfach mal kundtun, wie sehr sie sich bei der

Lautstärke gestört fühlten. Eventuell konnte sie einen Blick in die Wohnung erhaschen. Wer weiß wie es dort aussah?

In letzter Zeit war es mit den Zuständen dort oben wirklich noch schlimmer geworden. Sie war so in Gedanken versunken, dass sie den Topf mit den Kartoffeln erst wieder bemerkte, als er schon siedend heiß überlief. Das Wasser sammelte sich in großer Menge auf dem Herd.

„Auch das noch!", rief Frau Witek und hantierte wild mit einem Lappen um die heißen Platten herum, um das Wasser weg zu wischen. Danach setzte sie sich auf einen Küchenstuhl und musste erst einmal ausruhen.

„Also jetzt gehe ich bestimmt nicht hoch...", ärgerte sie sich, „...vielleicht später!"

Raja

Justus saß in einem Cafe. Die Inhaber des Cafes hatten sich die Gemütlichkeit zusätzlich zu den erschwinglichen Preisen zum Ziel gesetzt. Der große Raum war in herrliche Nischen unterteilt. Jede für sich hervorstechend durch abgestimmte, warme Farben, große Pflanzen und einen Blick auf einen kleinen Springbrunnen, der ruhig und stetig sein Wasser plätschern ließ. Dort verweilte Justus´ Blick immer am längsten.

So auch heute. Sein schlechtes Gewissen, gepaart mit einem leichten Anflug gespannter Erwartung, bewegte ihn. Gleich würde die Tür des Cafes aufgehen. Seine Aufmerksamkeit löste sich gerade vom perlenden, leise strömenden Wasser, als die Tür sich schwungvoll öffnete. Justus´ besorgter Gesichtsausdruck veränderte sich in Sekunden zu einem glücklichen, strahlenden Lächeln.

Die Frau, die gerade eingetreten war, sah sich etwas hektisch um und fand schließlich, was sie suchte. Ihr Regenschirm, der völlig nass war, tropfte, und sie stellte ihn schnell in den zum Glück endlich gefundenen Ständer. Danach irrte ihr lebendiger Blick durch den Raum und ihr Gesicht erhellte sich.

Eiligen Schrittes ging sie auf Justus´ ausgewählten Platz zu und setzte sich mit einem Seufzer ihm gegenüber.

„Das war ein Tag heute! Ich sag dir eins, wenn du im Urlaub warst, ist der erste Arbeitstag richtige

Knochenarbeit."

Sie schüttelte ihr langes, blondes Haar zur Seite, kramte ihre Brille aus der Tasche, blickte über den Tisch und suchte die Angebotskarte. Nachdem sie diese studiert hatte, hob sie ihren Blick und sah Justus verschmitzt an.

„Hi, Justus!", begrüßte sie ihn und legte ihren Kopf schief.

„Hast du auch so einen Hunger wie ich? Apfelkuchen mit Sahne klingt verführerisch. Den ganzen Tag habe ich noch nichts in den Magen bekommen!"

Justus hatte sie die ganze Zeit beobachtet, und sein Lächeln war ihm nicht aus dem Gesicht gewichen. Er war fasziniert von ihrer Lebendigkeit und ihrer fröhlichen Ausstrahlung. Sie schien immer gut gelaunt zu sein.

„Hallo, Raja. Schön, dass du gekommen bist", sagte er leise.

Er hatte das Bedürfnis nicht aufzufallen. Das war mit Raja wirklich fast unmöglich. Sie beugte sich zu ihm hinüber, um ihn besser verstehen zu können.

„Also, das war wirklich nicht so einfach von der Station zu kommen. Leider ist wieder eine Arbeitskollegin krank geworden", erzählte sie und zog die Augenbrauen in die Höhe, als wäre sie nicht so recht davon überzeugt.

„Vielleicht hätte ich dich nicht so drängen sollen, Raja, aber zu Hause läuft wirklich alles schief! Ich weiß nicht mehr, wie es weiter gehen soll", sprach er wiederholt nahezu flüsternd.

Seitdem er Raja kennengelernt hatte, war sie für

ihn die wichtigste Person in seinem Leben geworden. Sie kannten sich erst seit einem halben Jahr. Damals hatte Tim einen starken Infekt gehabt. Das Fieber stieg in die Höhe und er schrie unaufhörlich und beängstigend. In seiner Not rief Justus seine Mutter an, die natürlich sofort kam und die Familie ins Krankenhaus fuhr. An diesem Tag war Rajas Dienstwochenende.

Besorgt sah Raja zu Justus hinüber. Er wirkte blass. Sein Haar hing ihm viel zu lang im Gesicht und er strich es ständig fahrig und nervös zur Seite.

„Ist etwas passiert?", fragte Raja vorsichtig.

„Nein, Raja, nicht direkt. Anne und ich, wir schreien uns nur noch an. Ich muss mich stark auf meine Ausbildung konzentrieren, aber es funktioniert nicht. Ständig verlege ich mein Handwerkszeug. Ich stelle falsche Berechnungen an. Und was die Berufsschule anbetrifft, ist es mir unmöglich geworden, einfach nur im Unterricht zuzuhören."

„Redet miteinander, aber nicht bei euch zu Hause. Sucht euch einen ruhigen Ort ohne Tim. Soll ich euch Tim mal abnehmen? Solange ich ihn wieder zurückgeben kann, wird es bestimmt ganz lustig mit ihm", schlug sie Justus lächelnd vor.

Justus hatte Raja ein Foto von Tim gezeigt. Es war ihm gut gelungen, eine sehr schöne Nahaufnahme draußen auf der Wiese vor ihrem Wohnhaus. Justus zögerte.

„Raja, Anne kennt dich doch gar nicht. Ich habe ihr von dir noch nichts erzählt", erwiderte er ungeduldig und strich sich abermals seine Haarsträhnen aus dem Gesicht. Manchmal war Raja mit ihren Ideen einfach unglaublich.

„Das weißt du doch!", setzte er noch nach.

„Warum eigentlich nicht, Justus?", fragte sie und sah ihn aufmerksam an.

„Warum nicht! Warum wohl nicht? Was glaubst du? Zu Hause ist nur noch Theater, und ich erzähle dann mal eben so nebenbei, dass ich mich mit dir treffe. Sehr witzig", empörte sich Justus.

Da die Bedienung kam, konnte er nicht weiter sprechen. Er sah hungrig auf seinen bestellten Kuchen, und der Kaffeeduft löste in ihm ein herrliches Wohlgefühl aus. Eifrig griff er zur Kuchengabel, um sich ein ordentliches Stück von dem Kuchen in den Mund zu stecken. Während er die Süßigkeit genoss, hielt er inne, und sein Gemütszustand besserte sich langsam.

Raja hatte ihn beobachtet und amüsierte sich über seine Oberlippe, auf der sich noch reichlich Sahne befand. Sie aß ihren Kuchen langsam und bedächtig. Dabei schaute sie aufmerksam aus dem Fenster des Cafes.

Sie sah das Hin- und Hertreiben der Menschen, versteckt unter ihren Mützen und Regenschirmen. Nach vorn gebeugt liefen sie schnell über die Einkaufszone, schützend ihre Hände an den Krägen haltend, damit der Wind sie nicht frieren ließ. Ein Pärchen lief Hand in Hand direkt vor ihrem Fenster vorbei. Sie sahen sehr glücklich aus.

Rajas Gedanken verweilten gerade bei ihrer ersten Liebe, als Justus sie unterbrach: „Glaubst du nicht auch, dass Anne total eifersüchtig werden würde? Ich weiß auch gar nicht mehr, was ich wirklich für sie empfinde."

Justus sah Raja eindringlich an und legte vorsichtig seine Hand auf die ihre.

„Aber ich weiß, dass ich immer glücklich bin, wenn ich mit dir zusammen sein kann", fügte er leise schwärmend hinzu.

Raja zog langsam ihre Hand weg, rutschte in eine andere Sitzposition und nahm ihre heiße Kaffeetasse vorsichtig in die Hand. Sie trank einen großen Schluck, stellte sie wieder auf den Tisch und sah Justus ruhig an.

„Lass uns mal beim Thema bleiben, Justus. Anne und du, ihr beiden müsst miteinander sprechen! Und wenn ihr es zu zweit nicht hinbekommt, dann such dir Hilfe. Es gibt genug Möglichkeiten. Auch für dich allein!", setzte sie vehement hinzu, gestikulierte dabei aber doch recht hilflos mit den Händen.

„Mehr kann ich dir dazu nicht sagen. Ich kann es nicht für dich tun", versuchte sie Justus zu überzeugen.

Panik !

Blut! Überall war es auf dem Dielenboden verteilt! Kleinere, aber auch größere Blutspuren waren zu sehen. Justus´ Augen folgten den roten Flecken, die durch den Flur zum anliegenden Badezimmer führten.

Sein Herz klopfte wild und ihm war übel, richtig übel. Angst ergriff ihn, ihm wurde heiß, und er begann zu schwitzen. Gerade hatte er die Wohnungstür geöffnet, die Arbeitstasche abgestellt, als sein Blick aufmerksam auf die ungewöhnlichen Spuren auf dem Boden fiel.

Es dauerte ein paar Sekunden bis ihm klar wurde, worum es bei diesen Spuren ging.

Sein Wohnungsschlüssel hing noch in der geöffneten Tür, als er mit seinen noch schmutzigen Schuhen auf die ersten Blutflecken zulief. Er streckte seinen Zeigefinger aus, um die Verschmutzung zu prüfen. Vielleicht hatte er sich doch getäuscht und es war... ja, was sollte es sonst sein?

Sein Finger zitterte, als er einen etwas größeren Flecken berührte. Langsam hob er ihn in Augenhöhe. Instinktiv führte er seinen Finger zu seiner Nase, um daran zu riechen.

Wenn er überraschend unter Nasenbluten litt, blieb ihm manches Mal nichts anderes übrig, er musste, bis die Taschentücher geholt waren, den ersten Sturz mit der Hand abfangen. Es war selten, aber wenn es geschah, war die Menge des Blutes schon erschreckend. Daher kannte er auch den metallenen Geruch, den er jetzt auch wahrnahm. Dieser Gedanke des Nasenblutens ließ ihn etwas ruhiger werden. Das wäre doch eine Erklärung für dieses Dilemma!

Doch sofort verspannte sich sein Körper wieder. Er musste sich eingestehen, dass das recht abwegig war.

Justus richtete sich zu seiner vollen Größe auf und holte tief Luft, bevor er in die Richtung des Badezimmers schaute. Seinen etwas klebrigen Finger streifte er einfach an seiner Hose ab, während er langsam einen Fuß nach dem anderen mühsam voreinander setzte. Endlich war er dort angekommen.

Sein Blick war nur auf den Boden gerichtet. Nun fixierte er seine Augen auf das ganze Badezimmer.

Der Toilettendeckel stand auf, die Papierrolle lag lang abgerollt auf den Boden. Der Spiegel war wie immer mit Zahnpasta verschmiert, und die Handtücher hingen unordentlich zum Trocknen kreuz und quer im Raum.

Auf dem Boden sah Justus auch einzelne Blutflecken, er hatte jedoch den Eindruck, dass die Flecken schon leicht weggeputzt worden waren.

Er ging ins Badezimmer hinein. Es war nicht sehr groß, neben der Toilette befand sich schon die Badewanne. Die Toilette war mit einer großen Menge Klopapier vollgestopft. Jemand hatte also damit versucht, das Blut wegzuwischen.

Justus stand nur noch ratlos da, unfähig zu denken, drückte auf die Abzugstaste der Toilette und hörte ein fernes Rauschen in seinen Ohren. Gleichzeitig sah er, wie das Wasser darum kämpfte, das viele Papier herunterzuspülen. Erst beim zweiten Abzug war es endlich verschwunden.

Nun lief er schnell zum kleinen Abstellraum, in dem sich die Putzsachen befanden, holte einen Eimer, spritzte eine unkontrollierte Menge Putzmittel hinein und füllte ihn mit heißem Wasser. Der Eimer lief nur langsam voll, während aus ihm der heiße Wasserdampf stieg. Justus hob ihn aus dem Waschbecken, suchte hektisch den Wischer im Abstellraum und fluchte, als ihm die schwere Werkzeugkiste im Weg war. Schließlich hatte er ihn gefunden.

Schnell tauchte er das Tuch in den Eimer und wischte, während das Wasser neben dem Eimer tropfte, mit aller Kraft über den Boden. Fleck für Fleck hellte auf, zunächst in ein leichtes Rosa, bis sie ganz verschwanden. Immer wieder tauchte er den Lappen in den Wassereimer und scheuerte in einer Geschwindigkeit über den Boden, als könnte er damit seine Angst aus seinem Leben entfernen.

Der Dielenboden glänzte, und Justus war erstaunt, als er in den Eimer hinein schaute und in dem dunklen Dreckwasser kaum eine rötliche Verfärbung zu erkennen war. Mit Sicherheit hatte Anne seit Wochen den Boden nicht mehr gesäubert.

Nun saß Justus erschöpft auf einem Küchenstuhl. Sein Körper war nach vorn gebeugt, sein Kopf hing fast auf den Knien und seine Hände strichen unaufhörlich durch seine Haare.

Plötzlich überfiel ihn ein unbändiger Durst. Sein Blick irrte durch die Küche. Er suchte nach einer Flasche Sprudel und fand sie schließlich auf dem Küchentisch.

Schnell nahm Justus sie an sich und drehte den De-ckel auf. Er war leicht aufzudrehen, wieder etwas, was ihn immer an Anne ärgerte. Das Wasser schmeckte abgestanden und fade. „War es denn so schwer den Deckel richtig fest zu zudrehen", dachte er.

Justus schüttelte verzweifelt den Kopf. Seinem Mund entwich ein von Ekel gearteter Laut.

Seine Aufmerksamkeit wurde plötzlich auf den Tisch gelenkt. Dort lagen allerlei Sachen herum. Kugelschreiber, Brettchen, Annes Lieblingskaffee-tasse und zwei verschmutzte Löffel. Aber dort steckte auch ein beschriebener Zettel unter Annes Tasse. Justus griff nach ihm und las die anschei-nend schnell hingekritzelten Worte. Er konnte sie nur schwer entziffern.

Ich kann nicht mehr!!! - stand darauf, von Anne unterschrieben. Entkräftet und verzweifelt ließ er langsam seine Hände, die das Blatt hielten, auf seinen Schoß sinken.

„Was um alles in der Welt ist hier bloß passiert?", hauchte Justus erst und zerfetzte dann das Papier mit wieder neu aufkeimender Erregung.

Justus voll daneben

Raja pfiff fröhlich zur Musik, die sie gerade ange-
stellt hatte. Heute war ein ruhiger Tag auf der Station, trotz ihres Frühdienstes, der oftmals sehr tur-
bulent sein konnte. Gutgelaunt und hungrig bilde-
ten sich, da sie sich mit dem Gedanken der bevorstehenden Mahlzeit beschäftigte, die köstlichsten
Gerichte in ihrem Kopf, so dass ihr das Wasser im
Mund zusammenlief.

Raja wohnte in einer kleinen Wohnung, die in einem ruhigen Wohnviertel lag. Ihr Balkon ließ sie
auf eine Wiese blicken, die sich noch weit über
einen Abhang hinaus wölbte. Da er sich direkt an
der Küche anschloss, war dieser Ausblick, verbunden mit den allerleckersten Gerüchen, zu ihrem Lieblingsaufenthaltsraum geworden.

Die Sonne schien auf ihren Küchentisch, an dem
sie nun saß, um Kartoffeln zu schälen. Aber kalt
war es immer noch. Als sie nach draußen blickte,
zeigten sich hier und dort immer noch kleine
Schneeansammlungen, die sich mit aller Kraft
„dem Schmelzen" entgegensetzten. Jetzt im Febru-
ar wurden die Tage schon länger. Rajas Herz
machte einen Sprung, als sie nur an den Frühling
dachte.

Sie zog die Luft tief durch die Nase, als könnte sie
den Frühlingsduft schon riechen. Raja nahm die
nächste Kartoffel in die Hand und sah sie etwas
länger an, unschlüssig, welche Menge wohl für ihren Hunger reichen würde. Entschlossen legte sie

diese wieder zurück. „Man muss ja nicht übertreiben", befand sie. Außerdem würde es auch noch Rotkohl und Salat dazu geben.

Sie stand auf und setzte die Kartoffeln auf den Herd. Ihre Gedanken waren bei Justus, während sie die Herdplatte anstellte. Oh, wie sehr er ihr gefiel. „Wenn er nicht schon vergeben wäre", dachte sie traurig. Aber sie konnte doch keine Familie auseinanderreißen und wer weiß, vielleicht wäre sie ja doch nur ein Rettungsanker für Justus. Schließlich befand er sich in Not. „Das ist keine gute Grundlage für eine ehrliche Beziehung", dachte Raja weiter. Aber ihre Sorge um Justus wuchs täglich.

Bei ihrer letzten Verabschiedung hielt er sie so verzweifelt in seinen Armen. Sie hätte es gern genossen, befreite sich aber recht schnell, schon allein um sich selbst vor unüberlegter Erwiderung zu bewahren.

Vielleicht sollte sie sich nicht mehr mit ihm treffen. Raja stellte bei diesem Gedanken den mit Rotkohl gefüllten Topf energisch auf die andere Herdplatte, als sie das Telefon klingeln hörte.

Rasch lief sie ins Wohnzimmer. Sicher war es ihre Mutter. Sie wollte sie doch schon längst angerufen haben. Mit Schwung nahm sie das Telefon aus der Station und meldete sich, wie es ihre Art war, laut und deutlich: „Wenrich?"

Ein leises Geräusch war zu hören, sie wiederholte sich: „Wenrich, hallo, wer ist denn da?"

Wieder hörte sie nur ein leises Atmen. Da Raja schon häufiger seltsame Anrufe bekommen hatte, schüttelte sie nur den Kopf und stellte das Telefon wieder in die Station.

„Was gibt es doch für dämliche Leute", dachte Raja leicht erregt, nutzte aber die jetzt günstige Möglichkeit, während das Essen kochte, schnell ihre Mutter anzurufen. Sie würde einfach auf den Salat verzichten, beschloss sie, denn mit ihrer Mutter unterhielt sie sich sehr gerne.

Raja ließ das Telefon lange klingeln, aber niemand hob ab.

„Also doch eine Salatbeilage", redete sie vor sich hin und musste über sich selbst lachen.

Gerade auf dem Weg in die Küche hörte sie erneut das Telefon klingeln. „Meine Güte, was ist denn heute los?", überlegte sie, während sie sich schwungvoll umdrehte, um das Telefon ein weiteres Mal zur Hand zu nehmen und nun doch leicht genervt ihren Namen zu nennen.

Diesmal hörte sie Justus´ Stimme, die sehr leise war, sodass sie ihn kaum verstehen konnte.

„Justus? Du musst lauter sprechen. Ich kann dich nicht verstehen!", forderte sie ihn auf und wartete ungeduldig auf eine Reaktion.

Ihr Herz klopfte plötzlich ganz wild. Sie hatte kein gutes Gefühl im Bauch. Sie nahm im Hintergrund eine Geräuschkulisse wahr, bis sie schließlich Justus´ Stimme klar und deutlich hören konnte.

„Raja, kann ich zu dir kommen?", fragte er mit leise bebender Stimme.

Justus hatte Raja noch nie in ihrer Wohnung besucht. Dies war ein gemeinsamer Beschluss, wobei Raja die Initiative ergriff. Nach Rajas letzter Beziehung, die für sie leider nur negative Erfahrungen mit sich brachte, schwor sie, sich keinen Mann so schnell mehr ins Haus zu holen.

Deswegen reagierte sie auf Justus´ Frage sehr zögerlich. Eigentlich verspürte sie gar keine Lust auf sein Gejammer. Schließlich war bisher keine augenscheinliche Änderung seiner Problematik zu erkennen.

„Bitte", hörte sie Justus wieder mit leiser Stimme.

Ihr feines Gespür für die Not, in der er sich befinden musste, ließ sie alle Vorsichtsmaßnahmen über den Haufen werfen. Justus schien wirklich ihre Hilfe zu brauchen.

Mit einem Mal stieg ihr der Geruch von Angebranntem in die Nase. Schnell lief sie mit dem Telefon in die Küche, während sie eilig sprach: „Ja Justus, du kannst natürlich sofort kommen!"

Sie hörte noch, wie Justus auflegte.

Nervös lief sie durch die Küche, nahm die angebrannten Kartoffeln vom Herd, entfernte die oberste Schicht, die sie noch gut verzehren konnte und häufte sich dazu den fertigen Rotkohl auf den Teller.

Als sie sich damit an den Tisch setzte, verspürte sie keinen Hunger mehr.

Sie stand noch einmal auf, füllte den angebrannten Topf mit Wasser und setzte sich wieder vor ihren Teller. Eine Gabel voll Gemüse landete in ihren Mund. Ihre Geschmacksnerven reagierten sofort. Der Hunger meldete sich wieder und schließlich leerte sie doch zügig den ganzen Teller.

Nun saß sie satt da und sah auf die Uhr. Es waren gerade erst einmal 10 Minuten vergangen, aber es kam ihr schon unendlich lang vor.

Also machte sie sich daran, den Topf zu säubern.

Zum Glück waren die angebrannten Stellen nicht so hartnäckig, wie sie gedacht hatte.

Das Radio lief noch leise vor sich hin. Sie hatte es, als sie das Telefon klingeln hörte, leiser gestellt.

Nun lief sie durch die Wohnung und wusste nicht so recht was sie anfangen sollte. Lustlos nahm sie sich eine Zeitschrift aus dem Zeitungsständer, der sehr verstaubt dastand, denn sie hatte schon lange keine Zeit mehr für diese Lektüre gehabt. Wenn sie las, dann war es ein Buch kurz vor dem Schlafen gehen, meist ein spannender Roman, wohl aber nicht wirklich spannend genug, denn ihr fielen jeden Abend immer wieder die Augen während des Lesens zu. Der Müdigkeit ergeben, musste sie dann das Licht löschen.

Eine interessante Überschrift fesselte nun ihre Aufmerksamkeit. Dort ging es um einen Bericht über Wochenbettdepressionen. Raja, fasziniert von diesem Thema, las konzentriert und vergaß die Zeit.

Als sie schließlich am Ende angelangt war, sah sie auf die Uhr und staunte, dass eine Dreiviertelstunde vergangen war.

Sie legte die Zeitung auf den Tisch, stand auf und sah aus dem Wohnzimmerfenster. Es bot eine gute Sicht auf alle Besucher, da es auf der Eingangsseite des Hauses lag. Es war kein Mensch zu sehen.

Die Suche

Justus irrte durch die Straßen in Richtung Annes Elternhaus, konnte keinen klaren Gedanken mehr fassen. Er beabsichtigte nur eines. Um alles in der Welt wollte er Anne und Tim finden! Wo konnten sie nur stecken?

Endlich sah er das Haus, in dem Annes Familie wohnte.

Er stürmte durch die Haustür, welche offen stand, in den Hausflur hinein und hastete mit langen Schritten die Treppe hinauf. Ungeduldig betätigte er mehrmals die Klingel. Sie schrillte laut, stach in sein Gehör.

Sofort wurde die Wohnungstür aufgerissen. Ein wütendes Gesicht erschien im Türrahmen, bereit, den Störenfried zu verjagen. Annes Mutter stand in voller Größe da.

Als sie Justus erblickte, wurden ihre Gesichtszüge wieder etwas weicher. Sie mochte ihn, obwohl sie nur wenig Kontakt miteinander hatten. Sein Charme und sein gutes Benehmen beeindruckten sie immer wieder aufs Neue.

Heute aber erschrak sie regelrecht, als sie Justus sah.

Totenbleich und aufgeregt stand er vor ihr.

„Ist Anne mit Tim bei euch?", presste er hervor.

Während sie noch den Kopf schüttelte, lief er schon wieder die Treppe hinunter.

„Was da wohl wieder los ist", fragte sich Annes Mutter und schloss die Tür wieder fest zu.

Nachdem Justus unten am Bürgersteig angekommen war, versuchte er sich erst einmal zu beruhigen, um wieder etwas klarer nachdenken zu können.

„Wo waren nur Annes Lieblingsplätze", stammelte er vor sich hin und hämmerte immer wieder mit einer Hand gegen seine Stirn, als könnte er sein Gedächtnis dadurch auf Trab bringen. Aber je mehr er sich anstrengte, desto mutloser wurde er.

Es half alles nichts! Er musste zurück nach Hause. Vielleicht waren sie ja schon wieder da. Wo sollten sie auch hin?

Sina war in Frankfurt. Wer bliebe da sonst noch?

Anne hatte nicht viele Freundschaften geschlossen. Dafür war sie viel zu introvertiert.

Justus gab seine Suche auf und ging mit hängenden Schultern und gesenktem Kopf in Richtung Heimweg.

Mia kennt den Weg

Mia, Annes Schwester, war mit ihren 14 Jahren eine eher zarte Person. Während Anne ihr braunes, langes Haar immer gern offen trug, band Mia ihr Haar, welches Annes sehr ähnelte, immer streng zu einem festen Zopf. Ihre Brille hatte recht dicke Gläser, und das Brillengestell war schon aus der Mode geraten. Sie rutschte etwas auf ihrer Nase, als sie mit einer vollgepackten Tasche die Straße entlang lief. Trotz ihrer Zartheit und ihrer Körpergröße legte sie einen strammen Schritt zutage.

Sie war in Gedanken versunken, die sie zu ordnen versuchte. Hatte sie alles, was sie benötigte, zusammen? Ach, wenn etwas fehlte...! Sie stupste ihre Brille wieder in die richtige Position.

Der Weg, der sie zu ihrem Ziel führen sollte, erschien Mia viel länger, als sie gedacht hatte. Aber da sie nun am Rheinufer angekommen war und die grauen Bürgersteige verlassen hatte, fühlte sie sich gleich etwas entspannter. Sie liebte das Wasser, die Enten und die Stille der Natur.

Heute war es diesig, so stellte sie sich in Gedanken den herrlichen Sonnenschein selbst vor, der sich oft so wunderbar im Wasser spiegelte und Farben hervorrief, deren Intensität sie immer wieder staunen ließ.

Dieser Winter war nicht so eiskalt. Sie konnte sich an wesentlich kältere Winter erinnern. Diese wurden früher mit Schlittenfahrten und heißem Kakao verbracht. Heute brauchte Mia nicht mal einen

Schal um den Hals. Überall war noch etwas Schnee zu sehen, welcher in diesen typisch grauen Wassermatsch überging, der nicht mehr schön anzusehen war.

Jetzt waren die Winterferien vorüber, und Mia war darüber nicht besonders erfreut. Das einzige, was sie wirklich wieder zum Schulbeginn locken konnte, waren die Fremdsprachenfächer. Auf diesem Gebiet zeigte sie großes Talent, so dass sie natürlich von den Lehrern auch viel Lob bekam.

Mia wechselte die Tasche schwungvoll in die andere Hand. Heute waren viele Radfahrer unterwegs. Sie schaute einem Radler, der sie nett angelächelt hatte, hinterher. Eigentlich hätte sie auch ihr Fahrrad nehmen können. Leider war es im Keller so zugestellt, dass sie keine Lust verspürte, es auszugraben.

Sie richtete ihre Aufmerksamkeit nun wieder auf ihren Weg, den sie noch vor sich hatte. Musste sie jetzt nach rechts oder links? Verzwickt noch mal! Eine bessere Wegbeschreibung hätte ihr die ganze Sache sicherlich vereinfacht. Sie blieb stehen und schaute sich um. Durch die vielen hohen Hecken und die zahlreichen Zäune am Wegesrand hatte sie keinen guten Überblick auf die sich nun mehrfach verzweigenden Pfade.

Weit konnte es jetzt nicht mehr sein. Nur noch ein paar Meter. Mia setzte ihre Brille ab und rieb sich die Augen. Die dabei abgestellte Tasche bewirkte Erleichterung. Nachdem ihre Brille wieder ihren Platz gefunden hatte, stellte sie sich auf die Zehenspitzen und streckte ihren Kopf hoch über eine Hecke. Ihr Gesicht erhellte sich. Sie hatte ihr Ziel wohl endlich erreicht.

Wie vereinbart, war ein Fenster weit geöffnet und es stand eine hell flackernde Kerze auf der Fensterbank. Mia war überrascht, sie hatte gar nicht wahrgenommen, wie dunkel es inzwischen schon geworden war.

Raja in Sorge

Raja war enttäuscht. Lange Zeit hatte sie noch an ihrem Fenster gestanden und hinaus geschaut.

Ihr Herz klopfte vor Aufregung. Was würde auf sie zukommen? Würde sie Justus helfen und trösten können?

Hoffentlich war nichts Schlimmes passiert.

Justus´ Stimme klang so erschreckend hilflos, als wäre er gar nicht mehr fähig, seinen Körper und seinen Geist selbst zu beeinflussen.

Raja hatte ein ganz ungutes Bauchgefühl. Dies wäre auch eine Erklärung dafür, dass er sich nicht zu ihr begab. Oh je, er wird doch wohl keine Drogen genommen haben? Sie konnte es sich nicht wirklich vorstellen.

Doch kannte sie Justus´ Leben voll und ganz? Es war ja nur ein kleiner Abschnitt, den sie kennengelernt hatte. Und dieser war bis auf einige Ausnahmen nicht immer angenehm. Ihre Gesprächsthemen, die nicht selten auch mit Sorgen besetzt waren, nahmen sie doch mehr mit, als sie es sich wünschte. Justus war oft verzagt.

Raja schaute auf ihre Armbanduhr, so wie sie es seit Justus´ Anruf immer wieder getan hatte.

Ihr Glas mit heißem Tee, welchem sie eine Mischung aus Baldrian und Hopfen beigefügt hatte, stand neben ihr auf einem kleinen Tisch, der sich vor ihrer Fensterfront im Wohnzimmer befand. Sie hatte zwischenzeitlich eine ganze Kanne Tee gekocht, mit der Hoffnung, damit auch Justus etwas beruhigen zu können.

Nun stand sie wieder mit ihrem Glas am Fenster, denn Hinsetzen war für sie im Moment völlig unmöglich.

Sie sah die einbrechende Dunkelheit, ihre Sorgen wurden nicht milder, jedoch huschte ein leichtes Lächeln in ihr Gesicht.

Raja erinnerte sich an ein schönes Erlebnis mit Justus. Sie waren gemeinsam im Zoo. Es war ein wunderschöner milder Tag. Raja war kein Freund der heißen, oft schwülen Sonnentage, bei denen man schwitzte, klebte und sich im Schneckentempo fortbewegte.

An diesem Tag sprühte sie vor Energie, welche sie wohl auch auf Justus übertrug. Sie hatten so viel Freude und liefen von einem Gehege zum nächsten, unersättlich sogen sie die Schönheit und Ruhe der Tierwelt in sich auf. Justus war ausgeglichen und lustig. Sie fühlten sich wie Kinder, ihre Glieder waren leicht und beschwingt, und sie rannten lachend, staunend und so unbeschwert, wie sie es schon lange nicht mehr erlebt hatten, die Wege entlang. Justus´ Augen glänzten. „Sein männlicher Körper war so verführerisch gut aussehend", schwärmte sie.

In diesem Moment hatte sie wohl definitiv ihr Herz an ihn verloren. Ja - und sie hätte ihn gern mit zu sich nach Hause genommen. Ja - und sie hätte gern einmal alles vergessen, jegliche Pflicht, jegliches Verantwortungsbewusstsein. Einfach leben, genießen und nicht immer über jede Kleinigkeit nachdenken.

Stattdessen trennten sie sich am Ende des Tages mit einer langen intensiven Umarmung, die Hände ineinander verschlungen, welche sich nicht wieder von alleine öffnen wollten. Raja war wieder einmal die Vernünftigere.

Nach dieser Erinnerung veränderten sich ihre Gesichtszüge wieder, sie verspannten sich, und ihre Augen suchten weiter den Eingangsbereich des Hauses konzentriert ab, als wäre Justus ein kleiner Punkt, den es zu entdecken galt.

Sie nahm einen Schluck von dem inzwischen kalt gewordenen Tee aus ihrem Glas und schluckte die ihr nun kaum mehr schmeckende Flüssigkeit hinunter.

„Vernunft hin und her, letztendlich war es gut so", dachte Raja. So wahrte sie wenigstens einen gesunden Abstand und rutschte emotional nicht noch tiefer in Justus´ Leben hinein.

Plötzlich hörte sie die Türklingel mit ihrem etwas schrillen Klang und zuckte zusammen.

Das Versteck

Mia bog um die Ecke, um die Eingangstür des kleinen Gartenhäuschens zu erreichen.

Die Tür war angelehnt. Ihre dunkelgrüne Farbe blätterte schon ein wenig ab, trotz allem schien das kleine Haus in einem guten Zustand zu sein.

Oh je, das Schloss war aufgebrochen. Meine Güte, was hatte Anne sich dabei nur gedacht? Am liebsten wäre sie wieder auf dem schnellsten Wege umgekehrt. Doch das konnte sie nicht machen. Sie musste ihre Nerven behalten.

Durch ihre große Schwester Leonie war Mia nicht zimperlich aufgewachsen. So hatte sie mit ihren 14 Jahren schon ein beachtliches Durchhaltevermögen und war in ihren Handlungen sehr geschickt. Wenn sie sich auch nicht immer selbstbewusst zeigte, bei Angelegenheiten, die ihr sehr wichtig waren, konnte sie spontan die Führung übernehmen.

Ein Schauer des Unwohlseins durchzog ihren Körper, während eine Unzahl von Gedanken durch ihren Kopf rasten. Vielleicht könnte sie ja mal mit Anne und dem kleinen süßen Tim zusammen wohnen. Hauptsache raus aus dem Elternhaus.

Mutter hatte Leonie niemals eingeschränkt, wenn Mia wieder einmal ihren Attacken ausgesetzt war. Die Worte ihrer Mutter hallten jetzt noch in ihren Ohren wider, wenn sie sagte: „Ach , stell dich doch nicht so empfindlich an!", oder: „Ihr regelt das schon selber!"

Mia strich sich impulsiv über ihre linke Hand, auf der ihr Leonie damals gedankenlos herumtrampelte und ihr damit starke Schmerzen zufügte. Leonie stand nur grinsend da und nahm sich einfach, was sie haben wollte.

Mia drückte sachte gegen die angelehnte Tür, die sich sehr schwer anfühlte, jedoch erstaunlich leicht weit aufschwang.

Sie sah in eine kleine Diele hinein, die mit einer großen Garderobe ausgestattet war, auf der einige Jacken hingen. Es roch ein bisschen muffelig, und weiteres Mobiliar konnte der Besitzer des Gartenhauses auch nicht hinein stellen.

Sie nahm die Tasche, die sie beim Öffnen der Tür vor ihren Füßen abgestellt hatte wieder auf und durchschritt langsam das ihr unbekannte Feld.

„Na, endlich kommst du!", hörte sie plötzlich eine Stimme aus einem Raum, der leicht versetzt um die Ecke lag und nicht direkt einzusehen war.

Schnell wurde ihr die Tasche aus der Hand genommen und all die Dinge, die sich darin befanden, wahllos ausgeräumt.

„Ich habe Hunger und Tim auch!", sagte Anne ungeduldig.

Mia, die nun den Raum betreten hatte, schaute weiter auf das Geschehen und ließ ihre Augen herumschweifen.

Dies war wohl der Wohnraum, den Anne schon ganz für sich und Tim eingenommen hatte. Antike Möbel zierten das Zimmer, sodass es kleiner und dunkler wirkte, obwohl es recht groß geschnitten war.

Sie hatte Anne dabei nicht aus den Augen verloren, suchte aber gleichzeitig mit ihrem Blick weiter, wo sich denn wohl der kleine Tim befand.

„Gut, du hast Bananen und Joghurt mitgebracht. Die mag Tim!", rief Anne erleichtert. Sie öffnete dabei mit schnellen Bewegungen eine Banane und aß sie in Windeseile auf.

Mias Blick fiel auf Annes Arm, welcher anscheinend nur notdürftig verbunden war.

Fast gleichzeitig entdeckte sie auch Tim, der sich müde mit seinem Däumchen im Mund auf der Couch zwischen einem Berg von Kissen befand. Sofort lief sie zu ihm.

„Hallo, mein kleiner Schatz!", begrüßte sie ihn herzlich, nahm ihn lächelnd hoch und schloss ihn in ihre Arme.

Tim ließ es sich gerne gefallen und spielte mit seiner Hand an Mias Brille herum, während der kleine Daumen noch in seinem Mund steckte.

Anne hantierte währenddessen in einer kleinen Küchennische mit einigen Küchenutensilien herum.

„Hoffentlich ist hier irgendwo eine kleine Reibe", murmelte sie mehr zu sich selbst, als zu Mia.

Sie öffnete dabei mehrere Schubladen und wurde tatsächlich in der letzten fündig.

Erleichtert darüber, nahm sie ihr Vorhaben wieder auf, Tim eine Mahlzeit zuzubereiten.

Sie nahm ihre Schwester Mia gar nicht richtig wahr. Diese beschäftigte sich immer noch mit Tim. Der hatte mittlerweile ihre Brille erobert und Mia versuchte, sie ihm wieder sanft und vorsichtig zu entziehen.

„Hey!", schimpfte sie.

„Die wird noch gebraucht , du kleiner Krümel!"
Als sie ihre Brille wieder auf die Nase gesetzt hatte, kitzelte sie den Kleinen am Bauch, dabei legte sie ihn gleichzeitig wieder auf die Couch. Tim flutschte der Daumen aus dem Mund, denn er wand sich hin und her und lachte dabei herzhaft.
Anne kam mit einer kleinen Schüssel zu ihnen, die mit Bananenbrei gefüllt war. Mia schaute etwas skeptisch auf die leicht bräunliche Masse.
„Lass mich da mal hin!" Anne schubste Mia mit ihrem Po etwas zur Seite.
„Willst du Tim füttern? Warte, ich hole schnell noch ein Handtuch, das kannst du als Lätzchen benutzen", empfahl sie. Anscheinend war ihr Mias Antwort schon klar.
Tim hatte mittlerweile die Schüssel entdeckt und war von dem großen Handtuch, in dem er zur Hälfte verschwand, überhaupt nicht begeistert. Sein kleiner Mund öffnete sich ungeduldig, während sein Körper auf Mias Schoß hin und her wippte.
Der erste Löffel, den er endlich in den Mund bekam, zeigte seine Vorliebe für den süßen Bananengeschmack. Er wurde richtig gierig danach.
„Anne, ich habe so einen Durst. Kannst du mir etwas zu trinken geben? Der Weg hierhin war ganz schön weit", bat Mia.
Anne stand auf und sah über die verstreuten Sachen, die sie überall aus der mitgebrachten Tasche verteilt hatte und fand eine Flasche Wasser. Sie füllte zwei Gläser und stellte sie auf den Wohnzimmertisch. Ihr linker Arm schmerzte dabei, und sie verschüttete etwas Flüssigkeit.

„Scheiß egal!", schimpfte sie wütend und zupfte nervös an ihrem Verband herum.

Mia sah ihrer Schwester dabei zu und ihr war übel beim Anblick der Schwester. Sie leerte ihr Wasserglas in einem Zug.

Anne sah beunruhigend schlecht aus. Ungepflegt hing ihr Haar im Gesicht und sie war so blass.

Mia hatte sie etwas länger nicht gesehen, es schockierte sie, wie dünn und zerbrechlich Anne wirkte.

Anne war schimpfend zwischen den vielen Kissen auf der Couch gelandet, denn in ihrer Aufregung hatte sie bei dem Vorhaben, sich hinzusetzen, etwas das Gleichgewicht verloren.

Tim schien, nachdem er inzwischen alles aufgegessen hatte, satt geworden zu sein. Nun entspannte sich sein kleiner Körper, und er brabbelte leise vor sich hin.

„Mensch Anne, was ist bloß mit dir los? Was ist passiert und wie siehst du überhaupt aus? Hey, ist dir eigentlich klar, dass du hier im Gartenhaus eingebrochen bist?", sorgte sich Mia mit ernster Miene und gerunzelter Stirn.

Anne saß da wie ein Häufchen Elend, die Hände ineinander verkrampft. Sie sah nun Mia zum ersten Mal richtig an.

„Ach Mia, ich weiß echt nicht mehr weiter. Jetzt habe ich dich da auch noch mit hineingezogen. Das tut mir so leid!", schluchzte sie beschämt.

Wirre Gefühle

Tatsächlich war es Justus, der schon vor der Wohnungstür stand, als Raja sie öffnete.

„Hallo, Raja", sprach er leise.

Er nahm sie in den Arm. Sie ließ es zu, uneinig mit ihrer inneren Gefühlswelt, die in der Wartezeit sehr gelitten hatte, sodass ein Teil von ihr ihn auch gern von sich gestoßen hätte.

So hing sie etwas schlaff in seinen Armen, schaute über seine Schulter hinweg auf ein Bild an der Wand. Dieses hatte in der Diele einen guten Platz gefunden und zeigte ihre ganze Familie. Zu viert standen sie da. Ihre Schwester und sie guckten lustig in die Kamera und winkten, während ihre Eltern versuchten, etwas ernster dreinzuschauen. Das ihnen dies nicht gelungen war, spiegelte sich in ihren wunderbar verschmitzten Gesichtern, sodass dieses Bild zu Rajas Lieblingsaufnahmen zählte, die sie vergrößert und eingerahmt hatte.

Sie löste sich aus der Umarmung, atmete tief durch und begrüßte Justus.

„Komm, lass uns in die Küche gehen. Möchtest du etwas essen oder trinken?"

Justus schlürfte hinter ihr her wie ein müder Hund, den Kopf gesenkt. Er schaute auf seine Füße, bemerkte, dass er seine Schuhe noch an hatte. Ihn berührte es nicht, er war ohnehin zu müde, um sie überhaupt noch ausziehen zu können.

„Ich kann nichts essen, Raja. Danke, dass du nachfragst. Ein Tee wäre vielleicht gut."

Justus setzte sich auf einen Küchenstuhl.

Raja stand schon am Küchenschrank, holte ein Brot heraus und schnitt zwei ordentliche Scheiben davon ab.

„Doch, du kannst, Justus, und du musst etwas essen, so dünn, wie du geworden bist!", wies die Krankenschwester an, welche auch in ihr steckte. Sie strich reichlich Butter auf die Brotscheiben und belegte sie mit Käse.

Danach stellte sie den Wasserkocher an, um eine große heiße Tasse Tee für Justus aufzubrühen. Diesmal griff sie wahllos in ihre Teebox und angelte irgendeinen Teebeutel heraus. Sie selbst hatte für heute schon reichlich davon getrunken, sodass sie ein Glas Apfelschorle bevorzugte.

Die ganze Zeit über waren sie still gewesen, beide mit sich selbst beschäftigt.

Raja stellte die fertigen Brote und den Tee auf den Tisch, direkt vor Justus´ Nase und nahm die Unterhaltung wieder auf.

„Iss bitte! Das wird dir wirklich gut tun!", sagte sie liebevoll, aber bestimmt zu ihm.

Er bediente sich anstandshalber. Der wohlwollende Klang ihrer Worte hatte ihn nicht verfehlt. Dann sah er Raja an.

„Weißt du, ich habe versucht Anne zu suchen. Die ist einfach weg! Vorher habe ich noch das Blut weggewischt und der Kinderwagen steht auch nicht mehr im Hausflur! Das habe ich gesehen, als ich eben noch mal kurz zu Hause war, und…!", schilderte er aufgeregt und ohne Atem zu holen.

Er hatte noch nichts von seinem gerade aufgenommenen Stück Brot abgebissen und legte es wieder aus der Hand. Stattdessen rieb er seine Handflächen nervös über seine Jeans hin und her.

Raja ging zu ihm, um ihn zu umarmen und zu trösten. Ihr fehlten die Worte. Sie brauchte etwas Zeit, um nachzudenken.

Das Wort „Blut" aus Justus´ gerade erwähntem Bericht klang noch in ihren Ohren nach, während sie selbst ihren starken, aufgeregten Herzschlag spürte.

Lange hielt sie ihn in ihren Armen und streichelte ihm immer wieder sacht über seinen Rücken. Schließlich sah sie ihn an und redete beruhigend auf ihn ein.

„Hey, Justus, erst mal ganz ruhig, schön ruhig...", flüsterte sie.

Justus´ Augen waren feucht und er zitterte. Schnell wischte er eine Träne fort. Raja hielt den Augenkontakt aufrecht und hatte Erfolg mit ihrer Strategie, so dass sein Zittern langsam nachließ.

„Hier, trink ein bisschen Tee", ermunterte sie Justus und reichte ihm das Teeglas.

Er nahm es vorsichtig in seine Hand und trank mehrere Schlücke. Er spürte, wie ihn das heiße Getränk angenehm warm durchströmte und endlich berichtete er, was er in den letzten Stunden erlebt hatte.

Rajas Blick war ehrlich und aufmerksam. Sie hatte es befürchtet, irgendetwas würde passieren. Der Druck, unter dem Justus in der letzten Zeit gestanden hatte, war für ihn unerträglich geworden.

Aber dass Anne einfach davonlief - mit Tim - und wo kam nur das Blut her?

Plötzlich hörten sie einen Klingelton, welcher erst

leise und dann immer lauter wurde.

Justus begriff langsam, dass es das Geräusch seines Handys war. Schnell holte er es aus seiner Hosentasche. Seine Hände zitterten dabei so stark vor Aufregung, dass es ihm wieder aus der Hand rutschte, zu Boden fiel und verstummte.

„Verdammt!", stieß er aus.

Dieses Fluchen bezog sich auch auf seinen noch immer anhaltenden Ärger darüber, dass seine bisherigen Versuche, Anne über Handy zu erreichen, unbeantwortet blieben. Als er es wieder aufhob, sah er, dass eine Nachricht für ihn gekommen war.

Raja schaute interessiert, wie Justus mit seinem Handy hantierte und beobachtete seinen Gesichtsausdruck voller Spannung. Als er sich ihr zuwendete, glaubte sie ein wenig Erleichterung in seinem Gesicht zu erkennen.

„Das ist Anne! Sie hat mir geschrieben, dass alles in Ordnung ist und ich mir keine Sorgen machen soll!", berichtete er hastig und sah sie dabei an, als hätte er einen schlechten Scherz gelesen.

„Schreib ihr zurück!", forderte Raja ihn schnell auf.

„Warte! Sie schreibt noch, dass sie jetzt ihr Handy ausstellt und sich später wieder melden wird", stellte Justus konsterniert fest und schaute stutzig auf das Display.

Rajas Gesicht entspannte sich ein wenig. „Na, das ist ja wenigstens etwas", dachte sie und setzte sich langsam und erschöpft auf einen Küchenstuhl.

Mia nimmt Einfluss

Anne hatte Mia viel erzählt, aber längst nicht alles. Sie hütete sich, vor ihrer kleinen Schwester ihre Unzulänglichkeit als Mutter offen darzulegen. Aber Mia war nicht dumm, sie erkannte die ernste Lage und sie ließ sich nicht beirren.

Tim lag entspannt auf der Couch, eingehüllt in einer warmen Decke und schlief. Zuvor hatte Mia ihn noch mit einer frischen Windel versorgt. Dabei wimmerte der Kleine leise vor sich hin, und sie sah einige Rötungen auf seiner Haut, welche sie mit einer Creme behandelte.

„So, Justus weiß jetzt, dass er sich keine Sorgen machen muss!", sagte Anne zickig zu Mia.

Mia hatte Anne endlich dazu gebracht, sich bei ihm zu melden. Sie sah auf Annes Arm, der nur notdürftig verbunden war und fragte sich, wie Anne nur so da sitzen konnte, mit dieser flachen Aussage, als hätte sie einen Bus verpasst.

War sie sich denn nicht der Tragweite ihrer Situation bewusst? Wo war ihre Empathie für Justus?

„Das ist das mindeste, was du jetzt machen konntest, Anne! Du bist mit Tim einfach abgehauen, nachdem du dich selbst verletzt und die Wohnung verschmutzt mit Blutflecken verlassen hast!", entrüstete sich Mia mit gepresstem Tonfall, um Tim nicht aufzuwecken.

„Du weißt ja nicht, wie das ist, ein Kind zu haben!", erwiderte Anne, die den Blick ihrer Schwester sehr wohl zu deuten wusste und sich angegriffen fühlte.

„Du, mit deinem ewigen süßen Geplänkel um ihn. Du kannst ihn ja mal über Tag und Nacht haben, wochenlang – dann weißt du wie das ist!", rief sie. Anne steigerte sich in ihre Wut hinein.

„Dieses ständige *Sich kümmern müssen* und sein nerviges Heulen erst mal. Alles dreht sich nur um Tim!"

Um ihre Aussage zu verdeutlichen, zeichnete Anne mit ihrem Arm einen Kreis in die Luft.

„Da hast du ihm gerade die Windel gewechselt und schon hat er sie wieder voll... du legst ihn schlafen und schon ist er wieder wach!", schimpfte sie weiter.

Sie hatte ihre Stimme wütend erhoben, jedoch sank sie abrupt wieder ab und man spürte plötzlich Annes starke Erschöpfung. Sie fiel nur noch traurig in sich zusammen.

„Und das Schlimmste ist, Mia", sie machte eine hilflose Bewegung, bevor sie die nächsten Worte aussprach.

„Justus hat nur noch Augen für Tim, wenn er nach Hause kommt und ich glaube, der hat eine andere kennengelernt, in die er verknallt ist! Das macht mich wahnsinnig!", jammerte Anne und weinte nun hemmungslos und sie hatte das Gefühl, damit nie wieder aufhören zu können.

Anne brauchte sehr lange, bis sie sich beruhigte. Eigentlich konnte Mia auch nicht viel für sie tun. Sie saß nur neben ihr und lehnte ihren Kopf voller Mitgefühl an Annes Schulter. Aber ihre Gedanken, die immerfort nach Lösungen suchten, schlugen geradezu Purzelbäume.

„Hey, Anne! Ich weiß was wir machen!", rief sie plötzlich und war sich ihrer Sache ganz sicher.

Anne hob den Kopf. Mias Energie im Tonfall ihrer Stimme weckte ihre Aufmerksamkeit, und Anne schaute sie an.

„Und? Hast du wieder einen deiner tollen Einfälle?", fragte sie und schluchzte dabei immer noch ein bisschen.

Mia war wirklich einzigartig. Schon früher, als sie noch kleiner waren, war es immer Mia, die sie aus so manchen heiklen Situationen herausgeritten hatte, sodass die Eltern schließlich wieder milder gestimmt waren.

Anne hatte nicht den geringsten Schimmer, wie alles weiter gehen sollte. Sie war so müde und ausgepumpt, und nun war auch Tim schon wieder aufgewacht.

Voller Elan sprang Mia auf, nahm Tim auf den Arm und schickte sich an, ihn anzuziehen.

„Los Anne, wir gucken erst einmal, dass wir hier so schnell wie möglich wieder weg kommen. Noch hat keiner etwas bemerkt und du hast bestimmt keine Lust auf Polizeibesuch. Die werden wir nämlich bald hier haben, wenn das hier alles auffliegt!", betonte sie vorausblickend, sah sich dabei im Zimmer um und bekam schon allein bei dieser Vorstellung Magendrücken.

Somit feuerte sie Anne vehement an, ihr beim Saubermachen und Packen zu helfen, so als würde die Polizei schon in einigen Minuten vor der Tür stehen.

„Los Anne! Nimm du dir die Küche vor. Und zwar

muss sie so aussehen, wie du sie vorgefunden hast! Ich kümmere mich um das Wohnzimmer!", rief sie hektisch und rückte wieder einmal dabei ihre verrutschte Brille gerade, die Tim abermals erfreut als sein Spielzeug betrachtete.

Anne reagierte auf Mias Befehle wie ein Roboter, der durch Mias beharrliche Worte und Gesten aktiviert wurde.

„Gut, dass es schon dunkel geworden ist. Wir können uns leise aus der Gartenanlage heraus schleichen", dirigierte Mia weiter.

Sie setzte Tim fertig angezogen auf den Boden ab. Dieser schien recht gut gelaunt zu sein und schaute sie erwartungsvoll an.

Zärtlich strich Mia ihm über den Kopf.

„Jetzt musst du mal ein bisschen alleine spielen."

Sie stellte ihm sein mitgebrachtes Spielzeug hin. Tatsächlich nahm er es freudig auf und lächelte sie an. Es schien so, als ob er in dieser aufregenden Situation erkannte, sich nun brav und nicht störend zu verhalten.

Anne dagegen klapperte müßig mit einer Schüssel in der Spüle herum und wirkte völlig desorientiert. Ihr Verband, den sie vorher provisorisch um ihren Arm gelegt hatte, hing nun fast vollkommen herunter, und sie schien es nicht einmal zu bemerken.

Mia, die schnell und zügig gearbeitet hatte, lief zu ihr, entfernte den Verband vollständig und schaute sich Annes Arm zum ersten Mal genauer an.

Sie sah einige Schnittwunden, von der eine ziemlich groß aussah. Dies war wohl die Wunde, die am meisten geblutet hatte, sodass der Verband so stark verschmutzt war. Mia war das im Moment egal. Sie wickelte alles so um Annes Arm, dass es einfach nur hielt und das musste vorerst reichen, entschied sie.

„Komm Anne, geh auf die Couch, ich mache das hier alleine weiter", drängte sie und als Anne sie nur ansah und nichts erwiderte, führte Mia sie zu ihrem Platz.

„Mist", dachte sie. „So kommen wir nicht voran und bis zu Annes und Justus´ Wohnung schon mal gar nicht. Ich muss mir etwas anderes einfallen lassen".

Sie überlegte hin und her, bis sie schließlich nur eine letzte Möglichkeit sah, möglichst ungeschoren hier weg zu kommen. Sie suchte Annes Handy und fand es auf dem Tisch. Als sie es an sich nehmen wollte, nahm Anne es schnell auf und guckte sie vorwurfsvoll an.

„Was hast du vor?", fragte sie und schaute Mia weiterhin argwöhnisch an.

Tim hatte sich mittlerweile zur Couch fortbewegt und zupfte an Annes Beinen. Er war immer noch voller guter Dinge und machte sich weiter auf Entdeckungsreise.

„Anne, komm schon, wir müssen Justus anrufen! Der muss uns abholen, du schaffst den weiten Weg nicht nach Hause!", rief Mia ungeduldig und blickte sie, nunmehr doch zornig geworden, an.

„Ich will das aber nicht!", gab Anne energisch zurück.

„Das ist mir so was von egal!", erwiderte Mia und befreite Tim von einem Flusen, der ihm hartnäckig an seinem feuchten Mund hing. Sie schüttelte den Kopf dabei.

„Ich sage dir jetzt mal, was ich will!", brachte sie weiter zum Ausdruck, nahm dabei ihre Brille von der Nase und rieb sich ermüdet die Augen.

„Ich will nach Hause und ich will, dass es mit dir und Tim vernünftig weiter geht!", rief sie eindringlich.

„Ich will, dass du ein schönes Leben mit Tim hast. Und Justus habe ich doch auch so gern", ereiferte sie sich.

„Anne, du musst etwas tun, nimm Hilfe an, gemeinsam könnt ihr das schaffen", bat sie Anne erneut mit Nachdruck.

Anne zuckte nur mit den Schultern.

Mia, die sich zuvor kurz zu ihrer Schwester auf die Couch gesetzt hatte, stand nun wieder auf und war mit ihrer Geduld am Ende.

„So mir reicht es jetzt!", beschwerte sie sich, nahm Tim auf den Arm und sah Anne durchdringend an. Ihre Augen verrieten, dass es für sie keine andere Alternative mehr gab. Sie hatte für sich ihre Entscheidung getroffen: „Entweder kommt Anne jetzt mit, oder ich lass sie mit ihren Dickschädel hier sitzen!"

„Jetzt denk doch auch mal an deinen Sohn. Es geht ja nicht nur um dich!", versuchte sie weiter auf Anne einzuwirken.

Anne nestelte am Ärmel ihres Pullovers herum, schaute abwesend zur Seite und es schien, als registrierte sie ihre Schwester überhaupt nicht.

Mia, nun doch sichtlich emotional überfordert, schossen die Tränen in die Augen. Sie startete den letzten Versuch. Energisch trat sie noch einmal auf Anne zu.

„Jetzt gib mir dieses verdammte Handy, Anne!",
forderte sie, die Arme in die Hüften gestemmt. Bei
dem Versuch, ihre Fassung zurück zu gewinnen,
fixierte sie Anne mit ernstem Blick.

Es entstand eine knisternde Spannung, die Luft
brannte, und es dauerte lange, bis Anne endlich
ihre Hand ausstreckte und das Handy an Mia
übergab.

Aufatmen !

„Klasse Tim, weiter so!", rief Anne und sah Tim dabei lächelnd an. Tims kleines Gesicht strahlte vor Freude. Mutig nahm er seine kleinen Hände von dem niedrigen Wohnzimmertisch, an dem er sich im Aufrichten und Stehen geübt hatte. Mit einem recht lustigen, wackelnden Gang machte er sich auf den Weg in Annes Arme, die vor ihm weit ausgebreitet zu sehen waren.

„Da bist du ja! Das kannst du aber prima!", lobte sie ihn stolz und zog ihm seine Hose etwas zurecht, in der er zu versinken schien.

„Justus, gehen wir gleich mit ihm auf den Spielplatz? Isabell und Cecilia sind auch da und vielleicht kommt Sina mit Arne noch dazu!", rief sie Justus hinterher, der sich auf den Weg ins Badezimmer gemacht hatte.

Fündig geworden kam er flugs wieder zurück: „Hier nimm die Sonnencreme! Reibt euch gut damit ein. Die Sonne ist heftig heute. Sonst seht ihr nachher aus wie Krebse!", neckte er Anne und überreichte ihr eine große Tube.

„Sei mir nicht böse, aber heute muß ich an meinem Schreibtisch weiter arbeiten, damit ich ihn morgen streichen kann", erwiderte er ihre vorherige Frage und strich sich dabei die Haare aus dem Gesicht.

„So viele Frauen machen mich ganz nervös", fügte er noch hinzu und sah Anne dabei verschmitzt an.

Justus strotzte vor guter Laune. So viel hatte sich in seinem und Annes Leben verändert. Vor einiger

Zeit hätte er das nicht mehr für möglich gehalten. So viele Tränen, aber auch Wut und Hoffnungslosigkeit brachten sie fast zur Verzweiflung.

Nachdem Mia Justus angerufen hatte, machten sich Raja und er schnell auf den Weg zum Gartenhaus, in dem Anne Schutz gesucht hatte. Justus sah Raja hilflos und bittend an, wohl wissend, dass er nach Mias kurzem Bericht über Annes desolaten Zustand eine Person brauchte, die schweigen konnte. Hier konnte er Raja vertrauen.

Justus´ Herz klopfte wie verrückt, als sie dort ankamen. Raja hatte einen kleinen Parkplatz entdeckt, der ziemlich versteckt lag. Justus stieg aus dem Auto und versuchte sich in der Dunkelheit zurecht zu finden.

Nach einigen hektischen Blicken durch die Gartenanlage, sah er die beiden schließlich wie verabredet auf dem Gartenweg stehen. Mia hielt den Kinderwagen und Anne stand neben ihr. Als er zu ihnen kam, sah er in blasse Gesichter mit verweinten Augen. Schnell schaute er nach seinem Sohn.

Tim lag mit dem Daumen im Mund in seinem Wägelchen und brabbelte vor sich hin. Erleichtert richtete er seine Aufmerksamkeit wieder auf die beiden Frauen. Justus sprach wenig, kommunizierte mehr mit Gesten und Blicken. Er nahm Anne an den Schultern und lenkte sie in die Richtung des kleinen Parkplatzes, wo Raja im Auto auf alle wartete.

Als Anne Raja dort sitzen sah, veränderte sich ihr Gesichtsausdruck in Ablehnung, ihr war nach Weglaufen zumute. Es war nur ein kurzer Impuls. Anne spürte Justus´ Hände auf ihren Schultern, welche ihr den nötigen Halt gaben. Sie fühlte sich sowieso viel zu schwach, um aufzubegehren. Er half ihr beim Einsteigen auf die Rückbank des Autos.

Schließlich war auch der Kinderwagen gut verstaut und Mia saß nun endlich mit Tim auf dem Schoß neben Anne, sodass sie schleunigst losfahren konnten. Raja fuhr alle heim. Während der ganzen Fahrt herrschte eine eisige Stille.

„Hallo!", rief Sina erfreut, als sie Anne auf dem Spielplatz auf einer Bank sitzen sah.

Arne hatte sie unter ihren Arm geklemmt. Der zappelte dort mit seinem ungeduldigen Geplärre herum. Sein Gesicht hellte sich erst auf, als er sich völlig befreit fühlte. Denn Sina setzte ihn endlich im Sandkasten ab und gab ihm seine Tasche mit Spielzeug, welche er nun fröhlich ausräumte. Tims Interesse galt sofort einem großen Bagger, den Arne sofort verteidigend und fest in seinem Arm hielt.

„Hallo, Sina!", begrüßte Anne ihre Freundin.

Sie hielt sich eine Hand schützend vor die Augen, da die Sonne sie blendete.

Sina setzte sich zu ihr auf die Bank und holte eine Wasserflasche aus ihrer Tasche. Gierig löschte sie ihren Durst. Danach schaute sie sehr zufrieden auf die Kinder. Arne überließ Tim nun doch tatsächlich freiwillig seinen Bagger.

Anne beobachtete Sina und bemerkte wieder ihren typisch weichen Blick vollkommener Mutterliebe. Sie kam erneut etwas ins Grübeln. Prinzipiell fiel es ihr schwer, Hilfe anzunehmen. Alle redeten immer auf sie ein, manchmal wusste sie dann nicht mehr, wo ihr der Kopf stand. Aber eigentlich konnte Anne jetzt mit Stolz von sich behaupten, dass sie sich selbst besser annehmen kann und viel dazu gelernt hat. Nun lächelte sie und genoss wieder den Augenblick.

Sie war Justus so dankbar, denn definitiv war er es, der sie zu ihrem ersten Termin in die Beratungsstelle begleitete. Er ging sehr hart mit ihr ins Gericht. Das wäre ihre letzte gemeinsame Chance, ihr Familienleben und ihre Beziehung wieder in Ordnung zu bringen, gab er ihr deutlich zu verstehen. Er wolle für seine Familie kämpfen, aber nicht so weiter machen, wie bisher. Da gab es keinen Kompromiss mehr für ihn.

Bei diesen Erinnerungen wurde Anne ganz flau im Magen. Sie war ja selbst erstaunt, wie erleichtert sie sich schon nach einem ersten Gespräch in der Beratung gefühlt hatte. Man versicherte ihr völlige Verschwiegenheit.

„Anne?", Sinas Stimme riss sie aus ihren Gedanken.

„Du siehst gut aus. Ich freue mich so, dass es dir wieder besser geht", sagte sie aufmunternd und atmete dabei befreit durch, während sie über das große Wiesengelände sah, welches sich direkt dem Spielplatz anschloss. Dort standen beeindruckend hoch gewachsene Eichen, die Schönheit und Kraft ausstrahlten.

Sina spürte, wie ein angenehmes Gefühl der Erleichterung durch ihren Körper strömte. In letzter Zeit war sie oft mit ihren Gedanken bei Anne gewesen. Nach ihrer Rückkehr aus Frankfurt war sie echt schockiert angesichts der dramatischen Ereignisse, die ihr von Anne zaghaft und mit Scham offenbart wurden.

„Ich bin so dumm gewesen!", erwiderte Anne nicht ohne noch vorhandenen Scham. Sie schaute auf ihren Arm, auf dem immer noch Spuren ihrer Selbstverletzung zu sehen waren und schüttelte den Kopf. Rückwirkend konnte sie es selbst nicht begreifen. Fassungslos blickte sie im Geiste noch einmal auf die Geschehnisse zurück.

Damals saß sie in der Küche und konnte keine Lebensfreude mehr empfinden. Ihre Hoffnungslosigkeit glich einem Schneeball, der sich zuletzt zu einer unaufhaltsamen Lawine entwickelt hatte.

Plötzlich war es da, das Gefühl nicht mehr leben zu wollen. Sie war so unendlich müde, sah keinen Ausweg mehr. Benebelt griff sie in die Küchenschublade, taumelte dabei. Mit einem scharfen Messer in der Hand saß sie plötzlich da, schwenkte es apathisch vor sich her.

„Zack! Einmal über die Pulsader und ich werde verbluten", überkam es sie.

Die Spannung steigerte sich ins Unerträgliche. Sie bewegte zitternd ihre Hand, in der sie das Messer hielt über ihre Pulsader. Sie schaffte es nicht, schnitt sich mehrmals in den Unterarm... spürte sich dabei nicht.

Dann sah sie das viele Blut, welches so überraschend schnell aus den Verletzungen tropfte! Sehr bald spürte Anne ein Stechen und Pochen. Was hatte sie getan?

Niemand durfte von diesem Desaster erfahren!

„Ich muss die Blutungen stoppen, und dann nur weg, nur weg von hier!", stammelte sie, wieder etwas mehr bei Sinnen.

„Nein, sprich nicht so von dir. Du bist nicht dumm!", bemühte sich Sina um Anne und legte einen Arm um sie.

„Du weißt es jetzt besser. Alles wird gut. Du hast so viel geschafft und bist weiterhin in Therapie", tröstete Sina sie weiter.

Annes Gesicht verlor langsam den traurigen Ausdruck. Sie nahm Sinas lieb gemeinten Worte gerne an, lehnte sich vertrauensvoll an ihre Schulter und versuchte sich wieder zu entspannen.

So saßen sie lange da, sprachen kein Wort und ließen die Ruhe auf sich einwirken.

Die Kinder spielten zufrieden, füllten unermüdlich Sand in die Eimer und Förmchen. Alle miteinander spürten einen heilsamen Frieden. Die Sonne wärmte sie. Die Natur stand wieder in ihrer vollen Blüte.

Letztendlich war es gut, dass Isabell die Verabredung abgesagt hatte. Wie wären sie sonst in dieses wunderbare Gefühl der Vertrautheit gekommen? Ein enges, freundschaftliches Empfinden zwischen zwei Frauen, deren Wege sich eines Tages gekreuzt hatten.

Dank

Die Entstehung des Buches war für mich ein immer wieder aufflammender Herzenswunsch. Ein Buch, das verdeutlicht und aufzeigt, Probleme nicht als Schwäche oder gar als Anlass zur Selbstentwertung zu sehen. Ein Buch, welches Mut machen soll, Hilfe anzunehmen, sich nicht seiner Schwächen und Tiefen schämen zu müssen, authentisch zu sein.

Namentlich erwähnen möchte ich Monika, die entscheidend dazu beitrug, dass ich dieses Buch zum Abschluss brachte. Ganz herzlichen Dank an sie.

Dieses Werk wäre ohne die Hilfe meines Ehemannes Hans nie zustande gekommen. Er hat viele Stunden seiner Freizeit geopfert und stand mir mit der Erstellung des Buches mit Rat und Tat zur Seite. Ihm gilt ein ganz besonderer Dank.

Nicht zu vergessen die vertrauten Personen, welche das Manuskript im Vorfeld des Buchprojektes interessiert gelesen und mir ein ermutigendes Feedback gegeben haben. Ganz lieben Dank.

Gerne möchte ich Sie auf meine Autorenseite einladen:
https://tredition.de/autoren/autoren-uebersicht

FSC
www.fsc.org

MIX

Papier | Fördert
gute Waldnutzung

FSC® C083411

Zeitfracht Medien GmbH
Ferdinand-Jühlke-Straße 7
99095 Erfurt, Deutschland
produktsicherheit@kolibri360.de